PIEMME **BESTSELLER**

Christel Martin
in collaborazione con
Lorette Nobécourt

Madre di diecimila figli

Traduzione di
Maria Moresco

PIEMME **BESTSELLER**

Titolo originale: *La haine n'aura pas le dernier mot*

I Edizione Piemme Bestseller, marzo 2010

20145 Milano - Via Tiziano, 32
info@edizpiemme - www.edizpiemme.it

Anno 2010-2011-2012 - Edizione 1 2 3 4 5 6 7 8 9 10

Alla parte tenera dell'infanzia
da preservare in ogni essere.

Quando esitate davanti a un'azione,
chiedetevi cosa porterà di buono
ai più diseredati.
Gandhi

È QUASI MEZZOGIORNO e sto per atterrare nel Paese che una volta era chiamato «di latte e di miele», il Burundi. Se torno ancora una volta in questa terra sperduta al centro dell'Africa, devastata da dieci anni di guerra civile, è perché lì c'è qualcosa che forse non ho mai incontrato altrove. O, diciamo, mai così intensamente. Perché nel cuore di questo territorio magnifico e desolato c'è una donna che ha fatto crescere dentro di sé la potenza dell'amore, che instancabilmente ha scelto di incarnarne la sovversione e la gioia. Non credo sia una cosa così frequente.

Eppure, quella che tutti chiamano Maggy oppure *Oma* (nonna in tedesco), pare proprio una donna come le altre. Certo, la grazia del suo sorriso, il calore che sprigiona, la vita da cui è animata, la sua bellezza, la sua generosità si fanno notare. Ma ciò che la rende diversa è altrove. In una specie di mistero che non si lascia afferrare immediatamente, che si scopre a poco a poco, quasi senza accorgersene, e da cui attinge la stupefacente energia che mette in ogni azione, di cui pure non smette di ripetere che non è opera *sua*.

Ma qual è questo mistero? Sta nella capacità di Maggy di far divampare la luce nonostante la barbarie, nel fatto di scegliere, nel cuore dell'odio, di dire sì alla vita a rischio della propria? È in questa pazienza che anni di lotta hanno forgiato nel profondo del suo essere? Nel suo lavoro su se stessa per dare sempre una possibilità all'altro, anche se ha ucciso, stuprato, saccheggiato, devastato? Mi sono spesso chiesta da cosa dipendesse il sentimento di forza e di gioia che provavo vicino a lei. E ho finito per convincermi che questa alchimia particolare, propria delle creature eccezionali, deriva forse semplicemente dalla loro capacità di aprirsi a un mistero più grande di loro: quello dell'amore, che resta ancora la scelta più rivoluzionaria in assoluto.

Ho voluto essere l'umile testimone di questo mistero e dell'opera che ne scaturisce. Per diffondere le parole e gli atti di una donna che non smette di affermare: «Siamo re e regine, siamo tutti destinati a vivere in un palazzo, ognuno di noi merita il meglio».

Capitolo 1
"LA FOLLE DI RUYIGI"

Il viaggio per raggiungere il Burundi è lungo. Non ci sono collegamenti aerei diretti per questa terra situata al centro della regione dei Grandi Laghi, incastrata tra il Ruanda, la Repubblica Democratica del Congo e la Tanzania. Di questa terra il mondo è venuto a conoscenza nell'ottobre del 1993: più di 50.000 persone sono morte nei massacri interetnici tra hutu e tutsi, le cui ragioni restano a dir poco oscure agli occhi degli occidentali che confondono facilmente la storia del Burundi con quella del vicino Ruanda. Nel 1994, i media hanno abbondantemente raccontato, non senza una certa confusione, le terrificanti atrocità del genocidio ruandese e l'esodo di massa verso l'allora Zaire e la Tanzania della popolazione coinvolta nei massacri. Nonostante questi "falsi gemelli" siano composti dalle stesse etnie e parlino una lingua molto simile, sono caratterizzati ciascuno da una storia specifica e da drammi e poste in gioco differenti.

La situazione del Burundi ha fatto temere a più riprese l'esplosione di un "nuovo Ruanda", ma un "genocidio" vero e proprio non c'è stato. Il Paese si è però impantanato in una guerra civile tra il potere militare, in maggioranza tutsi, e i ribelli hutu, che ha fatto più di 250.000 morti, da cui sembra a malapena uscito dal novembre 2003.

300.000 morti su una popolazione di 6.800.000 abitanti. Con il passare degli anni, il Burundi è diventato anche una storia di cifre che si leggono quasi con freddezza, senza misurare – come sarebbe possibile farlo? – l'assoluto sgomento di ciascuna delle vite che celano. Si potrebbero dunque "riassumere" così i dieci anni di guerra civile appena trascorsi: dal 10 al 20% della popolazione rifugiata nei Paesi vicini o nei campi profughi all'interno delle frontiere, 660.000 orfani (di cui 200.000 a causa dell'AIDS), 7.000 soldati bambini, 5.000 bambini di strada, 200 bambini in carcere e una mortalità prima dei cinque anni del 19%[1]. È anche contro queste cifre che si batte Maggy, perché per lei non sono mai una questione di aritmetica. «Non mi abituerò mai a numeri come questi! Loro malgrado, voglio cercare un modo perché possiamo vivere a testa alta. Non c'è vocazione più sublime di quella dell'essere umano. Nessuno è destinato alla mediocrità.» Cifre a cui non risponde con altre cifre, anche se quelle della Maison Shalom (Casa Shalom), la struttura che ha creato nel 1994 per aiutare gli orfani, sono anch'esse relativamente importanti: più di 10.000 bambini di tutte le etnie hanno beneficiato del suo aiuto; nel 2004, la Maison Shalom ha preso in affido 3.000 bambini, di cui 230 sotto i quattro anni; circa 4.200 orfani sono stati reinseriti nelle loro famiglie; quasi 2.000 bambini e ragazzi dai quattro ai vent'anni vivono nelle quattrocentottanta case costruite principalmente in tre regioni, a Ruyigi, Rutana e Cankuzo; 2.300 famiglie beneficiano di un aiuto regolare; 120 persone lavorano in gruppo; sono state avviate decine di attività produttrici di reddito: esercizi commerciali, un cinema e persino una piscina[2].

Cifre di morte, cifre di vita. Le une come le altre implicano una domanda: come è stato possibile arrivare a questo punto, alla follia omicida in cui il Paese è totalmente sprofon-

1 Fonte: OCHA (Ufficio per il Coordinamento degli Affari Umanitari) e Unicef, 2003.

2 Rapporto annuale della Maison Shalom.

dato nel 1993, ma anche alla luce irriducibile che è cresciuta tra le mani di Maggy per raggiungere migliaia di bambini?

Certamente esiste la storia, quella di due etnie che un tempo condividevano la stessa lingua, le stesse usanze e lo stesso dio Imana. Mito o realtà, la storia antica è arrivata fino a noi solo attraverso le grandi narrazioni impresse nella memoria dei vecchi, che coltivano la nostalgia di un paradiso dalla terra generosa, fonte di una vita primitiva ma semplice e pacifica. È su questa storia che si è innestata quella della colonizzazione, prima dei tedeschi e poi dei belgi, alla fine del XIX secolo, a cui sono seguiti i missionari, che hanno attuato un'evangelizzazione veloce e massiccia.

Dopo aver ottenuto l'indipendenza nel 1962, il Burundi ha conosciuto quarant'anni di instabilità politica, contrassegnati da numerosi colpi di Stato e massacri, in particolare nel 1965, nel 1972, nel 1988, nel 1991 e nel 1993.

Nel 1993 si sono tenute le prime elezioni libere. Quattro mesi dopo, il 21 ottobre, il primo presidente hutu è stato assassinato. Ne deriveranno i massacri vissuti da Maggy e dieci anni di guerra civile.

Nel novembre 2003, grazie all'intervento di Julius Nyerere[3] e poi di Nelson Mandela, il governo e i ribelli hanno finalmente trovato un terreno d'intesa. Viene firmato un cessate il fuoco sotto la mediazione del primo ministro sudafricano Jacob Zuma. Si spera che le elezioni tenutesi nel 2005[4] possano ridare stabilità a questo Paese in cui la negli-

[3] Ex presidente della Tanzania. Dopo la sua morte, avvenuta nel dicembre 1999, Nelson Mandela ha preso il suo posto nei negoziati.

[4] Le elezioni del 2005 (comunali, politiche, senatoriali e presidenziali) si sono svolte pacificamente; erano rappresentati molti partiti politici e si è notata una forte partecipazione. I risultati hanno fatto emergere il partito CNDD-FDD, che si è dato come priorità la lotta contro le ingiustizie sociali e il rifiuto del ricorso all'argomentazione etnica. A maggioranza hutu, questo partito integra molti tutsi.

genza, le lotte e gli abusi di potere hanno creato un accumulo di frustrazioni e discriminazioni in un popolo la cui cultura, per di più, poggia sul non detto e sulla diceria. «Tutta questa guerra è il frutto della farsa burundese» si arrabbia Maggy. «Come fare in un Paese in cui la menzogna è considerata virtù?! In Burundi c'è addirittura un proverbio che dice: "Un uomo che non mente non può nutrire il proprio figlio" – "*Umugabo atabeshe ntagaburira umwana*".»

Nonostante l'odio fratricida, così difficile da comprendere, che ha devastato questo popolo e questa terra, Maggy non si è mai arresa: «È vero che qui si uccide facilmente, ma sono i miei fratelli e le mie sorelle, questa è la mia identità, devo riconoscere che appartengo a questa famiglia. Finché c'è vita, l'uomo può sempre sorprendere».

Dopo uno scalo obbligatorio a Dar es-Salam, Nairobi o Kigali, e dopo quasi venti ore di tragitto, distinguo il lago e la pianura attorno a Bujumbura, la capitale, e le verdi colline che contrastano con il rosso della terra.

Durante il mio primo viaggio in Burundi, nel 1998, avevo visto chiaramente, con la fronte appoggiata all'oblò, i campi profughi che raccoglievano migliaia di persone tra le tende blu allineate, le *plastic sheeting* dell'Alto Commissariato delle Nazioni Unite per i rifugiati (UNHCR). Quei campi hanno sempre scandalizzato Maggy, fermamente contraria ai massicci spostamenti di popolazione: «Come si è arrivati a questo? Come fanno quelle persone ad accettare di vivere sotto un tetto di plastica? Che umiliazione! Se potessimo cercare di soccorrerle senza umiliarle!».

All'epoca non conoscevo ancora Maggy. In pieno embargo, sbarcavo su questa terra chiedendomi come vivesse quella gente di cui i media ci mostravano solo la faccia mortale e assassina. Avevo incontrato persone semplici, né carnefici né vittime, che cercavano di sopravvivere attraversando quella "crisi", quella scissione della popolazione e la sua terribile "balcanizzazione". Mi ero impregnata del pudore tipico dei burundesi e della loro attitudine a sopravvivere nonostante tutto. Mi ero lasciata dolcemente ingannare dal loro aspetto sorridente. Molti di loro mi avevano detto di andare a trovare la donna che un po' ovunque era soprannominata la "folle di Ruyigi" e che si ostinava a lottare tra le sue colline ritenute inaccessibili. Quell'anno non sono andata fino a Ruyigi. Forse ho solo avuto paura per l'insicurezza che regnava sulle strade, ma anche dell'audacia di quella donna che nel 1997 la rivista *Géo* aveva ribattezzato "la santa all'inferno". L'audacia di dire no, di rifiutare la segregazione etnica e la segregazione tout court, qualunque essa sia.

Ma non ho potuto evitarla durante il mio secondo soggiorno, un anno dopo. E mi sono lasciata travolgere dalla forza e dalla tenerezza del suo sorriso. Con lei ho osato guardare quello che non necessariamente si vuole vedere, non solo la miseria ma più ancora la luce nel cuore stesso di quella miseria. Con lei ho capito il significato del rispetto e della dignità umana. In questo piccolo Paese in capo al mondo, Maggy mi ha mostrato che la gioia è possibile e la vita è una festa, e me lo ha mostrato proprio in mezzo alle rovine.

Presto atterreremo e sto pensando a lei, con un senso di dolcezza e di pace. Ripenso ad altri atterraggi: la mia prima discesa verso Bujumbura, quindici giorni dopo l'attacco all'aeroporto che aveva fatto cinquecento morti nel gennaio del 1998; la volta in cui l'aereo di Maggy fu bersagliato nel dicembre del 2000. Lei stava viaggiando con il nuovo nunzio apostolico diretto in Burundi. Sarebbe diventato un amico e un interlocutore, prima di essere assassinato nel 2003. L'ho spesso sentita ricordare con serietà quell'amicizia e poi mettersi a ridere all'improvviso raccontando l'atterraggio e il panico all'interno dell'aereo, con la hostess che la supplicava di sedersi e lei che si rifiutava. «Ho sempre voluto morire in piedi, e del resto, no, no, no, non voglio morire adesso, ho ancora dei sogni da realizzare, e poi ho dei debiti!»

Dietro il mio oblò, ho riconosciuto qua e là la forma di qualche campo. Danno temporaneamente riparo ai ribelli smobilitati che ora vengono chiamati "ex combattenti". Il Paese non è «quasi più in guerra». Eppure gli odi fratricidi hanno attentato alla dignità di un intero popolo e questo periodo postbellico, lungi dal poter essere considerato pacifico, esige una vigilanza e un rigore ancora maggiori. «La pace è la sola battaglia che valga la pena di essere combattuta» dice Maggy citando Albert Camus. E in realtà adesso ognuno deve trovare il proprio ritmo in questa nuova situazione.

Sono felice di ritrovare la polvere rossa e l'odore delle banane tostate, il verde così delicato dei campi di tè e la musicalità del kirundi, questa lingua che suona come un canto. All'aeroporto di Bujumbura scendo la passerella e percorro le poche decine di metri che mi separano dal terminal, con la sua architettura tipica degli anni Settanta e le sue cupole di cemento. È ottobre. L'aria è ancora afosa e nella capitale fa caldo. Non è più la stagione dell'albero dai piccoli fiori rosa che mi piace tanto e di cui non conosco il nome. Ma so che troverò le bougainvillee in fiore, lussureggianti. Un po' assonnata per il viaggio e la profilassi antimalarica, tendo il passaporto e la tessera di vaccinazione. Il vaccino contro la febbre gialla è obbligatorio e ogni passeggero deve dimostrare di averlo fatto. Finalmente posso uscire.

Puntuale, efficiente, l'autista della Maison Shalom è fuori ad aspettarmi. È lui che mi deve portare fino a Maggy, fino alle sue colline e alla piccola città di Ruyigi, nell'Est del Paese. Ci separano circa centottanta chilometri. Se tutto va bene, dovremmo essere là in due ore e mezza.

Prima, però, bisogna attraversare la capitale. A Maggy non piace molto venire a Bujumbura, nonostante vi sia costretta da molteplici incombenze: una pratica da seguire presso il governo, la cooperazione internazionale o le agenzie delle Nazioni Unite; un appuntamento con l'amico e avvocato Antoine, che difende gli interessi dei bambini lesi; la necessità di far curare l'uno o l'altro, qui o altrove, in Europa, in Sudafrica o in Kenya; un dibattito sulla riconciliazione, i bambini di strada o la prevenzione dell'AIDS; l'arrivo di un container e i problemi doganali che risolve insieme a suo fratello Apollinaire.

Se a Maggy non piace molto venire nella capitale, è anche perché andarci le dà ogni volta una conferma di quanto la gestione del Paese sia centralizzata e separata dalla realtà del resto del territorio. «Molti dei funzionari che lavorano negli uffici non conoscono la miseria che c'è sulle colline. Alcuni non vanno mai all'interno del Paese e ci trattano con indifferenza quando non addirittura con arroganza.»

Nel lasciare l'aeroporto, incrociamo decine di veicoli blindati dalle strane forme. La grande sigla nera UN spicca sullo sfondo bianco: *United Nations*. Forza di pace. I soldati non si vedono. Guardo le colonne di uomini e di donne che camminano lungo la strada di fianco a loro, portando sulla testa un misero cesto.

L'autista guida bene. Seduta vicino a lui riscopro la zona industriale con le sue poche fabbriche e magazzini; gli alti muri della Brarudi, di proprietà dello Stato, che produce le due birre nazionali, l'Amstel e la Primus. All'ingresso di Bujumbura, un albero gigantesco accoglie a braccia aperte il nuovo arrivato. Gli sposi vi si fanno fotografare davanti, il giorno della cerimonia. Poi cominciano le rovine: mucchi di macerie, edifici abbandonati, autobus stipati, ingorghi all'avvicinarsi del mercato centrale. A volte un buco spalancato, sul ciglio della strada, testimonia del passato. Bujumbura è una capitale senza semafori, né rossi né verdi.

Siamo a poche centinaia di metri dal centro, le mucche vanno e vengono lungo la via senza preoccuparsi delle macchine. Vietate nella capitale prima della crisi, vi hanno trovato rifugio durante i conflitti e sembrano difficili da sloggiare. Una donna ci ferma, scambia qualche parola con l'autista e si unisce a noi. Ha ventidue anni, ma si considera ancora come una "bambina della Maison Shalom". Approfitta del passaggio per farsi portare ad Amani[5] House, una delle filiali della Maison Shalom a Bujumbura. Si tratta di un centro realizzato per gli studenti che seguono i corsi all'università, ma accoglie anche i bambini malati portati fin qui per cure specifiche. Arrivata ad Amani House, la donna cede il posto a un giovane. Colpito dall'AIDS, è lì per curarsi e torna a Ruyigi dopo una serie di esami. È uno dei pochi che parlano apertamente della propria malattia, si spinge persino a metterla in scena in piccoli lavori teatrali che recita nella sala cinematografica della Cité des Anges (Città degli Angeli), una delle molte opere di Maggy. Un altro uomo si aggiunge e approfitta della macchina. È un imprenditore che ha appuntamento con Maggy per seguire un cantiere a Nyamutobo, nei pressi di Ruyigi.

Per uscire dalla capitale attraversiamo Kamenge, un quartiere raso al suolo all'inizio della guerra civile allo scopo di annientare i focolai di ribellione hutu. Sta lentamente risorgendo dalla distruzione, ma continua a portare il peso di

5 "Pace" in swahili.

un passato in cui l'appartenenza all'una o all'altra etnia condizionava luoghi di vita e libertà di movimento.

Superiamo ancora uno sbarramento che controlla una delle ultime strade pericolose del Paese dopo gli accordi di pace firmati nel 2003. È aperta solo dalle 8 alle 16. È meno rischiosa di una volta, ma attraversa pur sempre Bujumbura Rurale, la cintura di montagne che circonda la capitale, dove regna ancora una forma di terrore ai danni di abitanti sfiniti, affamati, nei quali la paura ha sopito ogni aspirazione alla vita e per cui l'unico lusso è sopravvivere.

Osservo le tracce della guerra. Le carcasse arrugginite dei veicoli, ricoperte di erbe selvatiche, ricordano lungo tutto il tragitto la violenza di cui questi luoghi sono stati palcoscenico. Il percorso attraversa le colline coltivate ma dai fianchi ripidi. Vedo delle piante di mais e di fagioli, piantagioni di caffè, palme di un verde profondo con le loro piccole noci che danno un olio densissimo. Bujumbura scompare dietro di noi nella sua bruma di calore, mentre a ovest si aprono la vasta pianura fertile dell'Imbo, il lago Tanganica e le colline del Congo. In direzione opposta, le biciclette cariche di caschi di banane o di sacchi di carbone vanno con un'andatura vivace e, se più di una scompare dalla vista, non è più per una bomba appena scoppiata o una pallottola vagante. Non si incrociano più i minibus capovolti nel fosso, pieni di cadaveri. I camion in lenta marcia rasentano senza incidenti i pedoni e gli ex combattenti ribelli, firmatari degli accordi di pace e oggi di pattuglia insieme ai militari dell'esercito regolare, un tempo avversari. Se Maggy è stata chiamata la "folle di Ruyigi" è anche per aver percorso questa strada in entrambi i sensi quando altri rimanevano nella capitale durante il moltiplicarsi dei massacri. Percorrerla significava rischiare la vita.

Passiamo l'ultimo sbarramento a Bugarama e facciamo il nostro vero ingresso in Burundi. Condividiamo le fragole polpose e le deliziose piccole banane aromatizzate al limone. Compro qualche chilo di quei magnifici piselli freschi che a Ruyigi non si trovano. Mi tornano in mente le parole di Maggy: «È una vergogna che il nostro Paese riceva il cibo dall'estero, guarda come è ricca la nostra terra. Viviamo sotto trasfusione. La cosa mi disgusta». Guardando la bellezza di questo Paese, sento e capisco la sua rivolta, la sua preoccupazione di restituire alla terra e a ciascuno la propria dignità. È umiliante non poter nutrire la propria famiglia con la propria terra, soprattutto quando le sue montagne sono così verdi e il suo terreno potenzialmente tanto fertile da meritarle il soprannome di Svizzera d'Africa. È umiliante subire fino a perdere addirittura il desiderio di provare a fare qualcosa.

Adesso fa un po' fresco. Il cielo è cosparso di grosse nuvole voluttuose. La luce è quasi morbida. Le collinette si smussano. Riconosco i piccoli affluenti che scorrono nel fondovalle e, laggiù, i campi di riso, di cavoli e di carote. Le diverse specie di eucalipti si dispiegano in tinte delicate, tra il verde tenero e l'argentato, circondati da piantagioni di caffè e di tè, due delle rare ricchezze esportabili del Burundi. Rivedo Teza, la fabbrica di tè, con il suo immenso hangar scuro per far seccare le foglie. Da quando è stata attaccata, nel 1996, è strettamente sorvegliata.

Poi attraversiamo Muramvya, città reale prima della colonizzazione, e infine Gitega, la seconda città del Paese. Adesso il paesaggio è più arido, meno popolato. Vedo però delle specie di villaggi lungo la strada che non esistevano ai tempi del mio viaggio precedente. L'autista mi spiega che si tratta di campi profughi che diventano permanenti. Nel 2001, le casette in adobe (mattoni seccati al sole) hanno sostituito le tende di plastica dove vivevano decine, se non addirittura centinaia e poi migliaia, di persone in fuga dalle zone di conflitto.

Gli ultimi ottanta chilometri si percorrono più facilmente che in passato, quando ci voleva un'ora in più, immersi in nuvole di polvere, per arrivare fino a Ruyigi. La strada è stata asfaltata nel 1995, ma le piogge ricorrenti hanno già rovinato il fondo stradale. Probabilmente i fondi destinati ai lavori sono stati imboscati dal responsabile dell'epoca allo scopo di finanziare la propria casa, una pratica comune in Burundi, oggetto di denunce sempre più frequenti da parte delle radio private.

Sono quasi le 17 e dobbiamo sbrigarci a portare a destinazione l'imprenditore prima che venga la sera: siamo quasi all'equatore e il sole tramonta di colpo; cala verso l'orizzonte, diventa rossastro e scompare. Ritroverò la piccola città di Ruyigi più tardi, non c'è fretta. Qui i cellulari non hanno copertura, ma tutti conoscono Maggy e non è molto difficile localizzarla.

Andiamo quindi direttamente al villaggio di Nyamutobo, a due chilometri dal centro città. Maggy è nata e cresciuta lì, in mezzo a una sfilza di cugini e cugine, zii e zie. Lì ha lavorato e vegliato sua madre prima che morisse nel 1989. I terreni che ha ricevuto in eredità dalla sua famiglia ora appartengono alla Maison Shalom. Dieci ettari su cui sorgono due villaggi, cioè più di sessanta case con una vera e propria area per le attività: una casa per gli ospiti costeggia un mulino per la manioca, una fattoria, dei terreni agricoli; resta ancora dello spazio su cui Maggy vorrebbe costruire un centro medico e uno per la prima infanzia, una specie di asilo nido, ed è per questo che l'imprenditore è venuto a incontrarla.

Lei è lì. La guardo, ancora stupita e onorata della fiducia che questa donna mi dimostra. Ci accompagniamo reciprocamente in una specie di intimità d'anima che rende ogni incontro più stimolante e più ricco. Com'è possibile che due persone culturalmente così lontane e che non condividono le stesse credenze spirituali riescano a sentirsi così vicine? È un mistero che ci sorprende e arricchisce il nostro desiderio di lavorare insieme.

Lei non mi ha ancora vista. È completamente assorta e si sta intrattenendo con una giovane che porta il suo bambino sulla schiena. Avevo incontrato quella donna sei anni prima, quando era appena arrivata alla Maison Shalom. Era praticamente muta, si esprimeva quasi solo a gesti, dopo una serie ripetuta di stupri. Maggy, una mano appoggiata sulla testa del bambino e l'altra sul braccio della giovane, si informa della loro situazione. Ritrovo l'attenzione che dedica a ciascuno, la sua tenerezza, la sua capacità di essere pienamente presente. All'improvviso si gira e, vedendoci, lancia uno di quei grandi «YYO!» tipici del Burundi. È un modo di apostrofarsi, di dirsi buongiorno. L'abbraccio velocemente. Ma non è il momento di scambiarsi notizie. Il lavoro l'aspetta e Maggy vorrebbe che io mi riposassi dopo il lungo viaggio. Mi rimanda con fare quasi autoritario verso casa sua, ma io voglio assistere alla riunione con l'imprenditore e la responsabile dell'Unicef, che finanzia il progetto. Si tratta di scegliere il posto dove sorgerà il centro dedicato alla prima infanzia.

Maggy si rivolge all'imprenditore: «Tu cosa ne pensi?». Lui le risponde con un sorriso: «Io so costruire su qualsiasi terreno, ma non tocca a me decidere. Bisogna giusto pensare a un allacciamento comodo per l'acqua e l'elettricità, in futuro, quando la collina sarà attrezzata». A Ruyigi l'elettricità è arrivata solo da qualche anno. Maggy aggiunge: «E la fognatura… sogniamo un po'». L'amministratrice del programma dell'Unicef conferma l'obbligo di disporre di acqua corrente per i sanitari.

«Niente acqua corrente, niente budget!»

«Abbiamo già installato una fonte tra le case,» precisa Maggy «l'allacciamento sarà facile, qui.»

Con questo asilo nido, Maggy fa molto di più che aiutare "i suoi fratelli e le sue sorelle" più vulnerabili. Afferma il suo desiderio di realizzare progetti che durino nel tempo. «Certo, ancora oggi, dobbiamo lottare ovunque la vita sia minacciata, ma io sono stanca di battermi per la sopravvivenza. Dobbiamo vivere con pienezza e costruire il futuro. Mi rattrista vedere i nostri bambini seduti tutto il giorno. Ogni educatrice ha talmente tanto da fare. Ognuna di loro è responsabile nella propria casa di tre o quattro bambini piccoli. È un bel peso. Questo centro permetterà di alleggerirle un po'.» In meno di sei mesi, spera.

Molti bambini sono venuti a salutarla mentre stavamo parlando. Ha tenuto tra le braccia migliaia di loro. Trovano in lei l'inflessibile tenerezza di una madre. Lo sanno, lo sentono. Si legge nei suoi gesti. Li chiama tutti per nome. Conosce la storia di ognuno di loro. Se la si guarda mentre li afferra con un sorriso, mentre parla con loro, li asciuga e li accarezza sulla testa, si scorge chiaramente in lei l'amore inesauribile di una madre. E madre lo è nel modo più assoluto, anche se non ha mai portato bambini nel suo ventre. «Ci sono molti altri modi di dare la vita.»

L'oscurità cala in fretta, una notte nera tipica dei luoghi privi di illuminazione. Torniamo velocemente nel centro di Ruyigi con i suoi cinquemila abitanti. Maggy si entusiasma per il progetto e già immagina il futuro, gli altri villaggi da attrezzare con centri analoghi, aperti non solo ai bambini della Maison Shalom, ma anche a quelli dei contadini delle colline dei dintorni. Qui è ancora tutto da costruire. Maggy ride. La macchina è piena del suo sorriso, quello che l'ha sorretta anche nei giorni più cupi. Giorni che ha condiviso in particolare con Christoph e sua moglie Traudl, in missione a Ruyigi nel periodo critico tra il 1993 e il 1996. Christoph più tardi mi dirà: «È una donna incredibile, non abbiamo mai riso tanto in vita nostra». Perché per lei «ogni giorno è una festa, per tanti anni abbiamo vissuto senza sapere cosa ci avrebbe portato il domani, oggi sappiamo apprezzare il presente!».

L'imprenditore e l'amministratrice del programma dell'Unicef dormiranno nella casa per gli ospiti, un piccolo albergo-bar-ristorante gestito dai giovani della Maison Shalom dal 1998. Torniamo alla casa di Maggy, in realtà la sede della Maison Shalom, costruita su un vasto terreno contiguo all'ospedale rurale nel centro di Ruyigi. La sede ospita uffici, un centro d'accoglienza, una cappella multiconfessionale il cui accesso è stato aperto all'ospedale, depositi, un orto e fiori che Maggy fa crescere in abbondanza, perché anche la bellezza è nutrimento.

La serata è fresca e senza luna. Sento i canti e i tamburi tradizionali dei ragazzi. «È una bella cosa che questi giovani mi abbiano chiesto dei tamburi. Molti gruppi si esercitano tutte le sere. Credo veramente che un nuovo modo di vivere sia sempre possibile, anche tra le atrocità.»

Credere: è anche questo che la sostiene e le dà quella forza insensata di abbracciare il passato per placare il presente e costruire il futuro. Credere: in Dio, nell'uomo, nella vita, in tutte le possibilità, per quanto fragili, che esistono in ogni persona. Finché c'è vita. Credere in ciò che risolleva, in ciò che eleva, che fa crescere e nutre. Nella bellezza, nel riso, nella festa, nel dono, nell'amore. «Tutto ciò che è fatto con amore finisce sempre per trionfare. Un uomo che non ama ha mancato la propria vocazione di uomo.»

Ogni sera, alle 18, Maggy si ritira per un'ora e in una benefica solitudine attinge l'energia per ripartire. Silenzio, meditazione, preghiera, dialogo interiore, sprofonda in se stessa per tornare agli altri. Si abbevera a quella sorgente per meglio irrigare chi la circonda. Si interroga nella pace sul senso del proprio compito.

Mi sono riposata per un po' nella mia camera, poi ho raggiunto il salone, dove c'è sempre gente. La porta è aperta. Si entra a bere una birra, a discutere un momento. Che si sia in tre, in quattro, in cinque o in sei, la tavola è sempre apparecchiata come minimo per otto. Se qualcuno si trovasse a passare di qui, il suo posto lo aspetta.

Una giovane si avvicina e mi chiede cosa voglio da bere. Sembra sussurrare da lontano, come se avesse paura di disturbarmi. Ha gli occhi bassi e guarda di lato. Quando mi porta un bicchiere di Fruito – un delizioso succo di maracuja –, ritrovo quel gesto che mi sorprende ogni volta: mentre si piega lentamente per posare il bicchiere davanti a me, si regge con la mano sinistra l'avambraccio destro in un atteggiamento quasi cerimonioso, ereditato da secoli di sottomissione all'autorità.

Passando con fare deciso, Lisette mi saluta velocemente. Tiene in braccio un bambino. La sua bellezza è sempre più radiosa. Ha appena compiuto quindici anni. Sogna di diventare giornalista o ballerina. Vive sotto lo stesso tetto di Maggy con sua sorella Lydia. Il 24 ottobre 1993 i loro genitori, Cyprien e Juliette, sono stati assassinati a sangue freddo. Prima di morire, la madre ha affidato le due bambine a Maggy. Lydia ha dodici anni. È tra l'infanzia e l'adolescenza, a volte ride fragorosamente, a volte si chiude in se stessa attorcigliandosi una ciocca di capelli intorno al dito. Di salute più cagionevole di Lisette, sta sbocciando e dimostra un carattere molto attivo. Le due sorelle sono complici. Hanno attraversato tutti gli anni della guerra con la forza dei bambini: «Certo, giocavamo, ma ci sono dei bambini con cui non ci piaceva molto farlo perché, per via delle loro ferite, quando si dimenticavano di stare attenti svenivano e bisognava portarli all'ospedale».

Due giovani giornalisti di una radio privata locale finiscono la loro birra mentre aspettano Maggy per finire un'intervista realizzata proprio stamattina.

François arriva nel momento in cui Maggy ci raggiunge. È un canadese sulla trentina che lavora da due anni in Burundi per l'Unicef. Arruolatosi come volontario nell'ambito umanitario, ha accettato di entrare nell'Unicef per operare su più vasta scala, nonostante gli inconvenienti delle grosse istituzioni. È responsabile della filiale di Ruyigi e Maggy, colpita dalla sua efficienza e dalla sua comprensione dei problemi locali, è dispiaciuta per la sua partenza imminente. I bambini sentiranno la sua mancanza: è per loro che si batte. Per le strade di Ruyigi vanno spontaneamente a salutarlo, sensibili al rispetto che dimostra nei loro confronti. È un uomo caloroso. Gli anni passati al servizio degli altri lo hanno fatto maturare molto in fretta e si può dire che ormai il suo cuore non ha più un'età: ferito da ciò che ha visto, reso più forte da ciò che ha dato. Il suo sguardo riverbera gentilezza. Come sempre parla poco ma in modo efficace. Consapevole del lavoro colossale da fare con i bambini, François sembra provato dal fatto che gli aiuti non arrivino ai destinatari, spossato per l'energia che bisogna dispiegare senza interruzione per far fronte alla burocrazia e all'inerzia. Sapendo che, secondo una stima della Banca Mondiale, solo il 20% dei soldi versati raggiunge la meta, c'è in effetti di che scoraggiarsi!

L'Africa, in generale, logora; il Burundi in particolare. Secondo la classificazione delle Nazioni Unite, il Paese è ancora zona rossa. Di conseguenza, ogni spostamento dev'essere accompagnato da un convoglio militare, il che rende il lavoro di François ancora più difficile. Ogni fine settimana è costretto a tornare a Bujumbura per ragioni di sicurezza. Stasera può restare a cena con noi e condividere le sue preoccupazioni riguardo alla regione di Bujumbura Rurale, che abbiamo attraversato per arrivare qui. Quella zona ancora in guerra intorno alla capitale continua a subire ciò che il Paese ha vissuto per dieci anni, con la conseguenza dell'esodo di massa di popolazioni terrorizzate, spesso affamate, che cercano rifugio altrove. Dice di aver visto una chiesa chiudere le sue porte davanti a centinaia di donne e bambini costretti a dormire fuori, ammassati gli uni sugli altri. In qualità di responsabile delle emergenze nella regione, è oppresso dall'entità dei bisogni. «La settimana scorsa abbiamo identificato più di quarantamila persone bisognose di aiuti urgenti.» Maggy rifiuta di lasciarsi abbattere da questa realtà: «C'è sempre qualcosa da fare, e quello che fai, come lo fai, con la tua sincerità, con tutta la tua coscienza, è la direzione giusta. Tutti hanno il dovere di agire. Quello che faccio io, che sia per diecimila o centomila bambini, resterà sempre una piccolissima goccia d'acqua nell'oceano delle cose necessarie. Ma è una piccola candela. Come dice Madre Teresa: "È meglio accendere una candela che maledire le tenebre". Forza! Stiamo allegri, stasera, siamo in buona compagnia».

François la guarda chiedendosi cosa ne sarebbe della Maison Shalom se Maggy venisse a mancare, se la uccidessero. Come è sua abitudine, l'interessata risponde con una battuta e una risata: «Non sono preoccupata per il futuro dei miei bambini. Non c'è un "prima di Maggy" né un "durante Maggy", così come non ci sarà un "dopo Maggy". C'è solo l'opera di Dio. La speranza di vita di una donna in Burundi è di quarantuno anni, io ne ho già guadagnati quasi otto, ogni giorno è una festa in più!».

Ed è vero che l'insalata di papaya e guaiava è squisita, che le banane e i manghi abbondano, che la dolcezza dell'aria aiuta a fare di questa serata una festa. Una festa che gli uni e gli altri abbandoneranno di buon ora, perché, anche se non c'è più il coprifuoco, anche se la luce elettrica permette di farsi luce, a Ruyigi ci si è abituati alle serate corte. Restiamo dunque sole, io e lei, davanti a un ultimo tè. Parliamo del suo lavoro, dei nostri cari, delle novità belle e brutte della vita, ridiamo delle nostre rispettive difficoltà con gli adolescenti. Come le amiche che siamo diventate. Ma oggi, se sono vicino a lei, è anche per il libro che voglio scrivere, per dare testimonianza.

Rievochiamo insieme quei giorni di ottobre del 1993. Ritorniamo insieme verso quei blocchi di memoria che Maggy conserva dentro di sé, nascosti sotto la leggerezza e la forza delle sue risate. Verso quei ricordi che evoca sempre con lo stesso pudore e la stessa precauzione essenziale: «Nonostante le atrocità, io testimonio prima di tutto la speranza. Non sono qui per accusare o riparare, ma per accompagnare. Accompagnare tutti questi giovani per aiutarli a trovare in sé la forza di vivere malgrado i momenti terribili che hanno vissuto».

Capitolo 2
LO STRAPPO

Ottobre 1993. Dopo le elezioni di luglio, che hanno visto la vittoria di Melchior Ndadaye, nel Paese si respira un'atmosfera di grande divisione, carica di delusione e amarezza per gli uni, di spirito trionfante per gli altri. Qua e là si manifestano i primi segni di aggressività. Nonostante queste nuove tensioni, Maggy nutre la speranza di un cambiamento per il Burundi. «Pensavo che forse avremmo finalmente potuto organizzare la società su basi nuove. Per la prima volta, nel corso di una cerimonia ufficiale, avevo accettato di cantare l'*Inno all'unità*[1].»

L'esercito e la polizia, essenzialmente tutsi, le cui mansioni si sovrappongono, faticano a obbedire al nuovo potere hutu. Quando il 21 ottobre 1993 il nuovo presidente hutu viene assassinato, la comunità hutu si infiamma e si vendica sui tutsi delle colline. Passeranno due giorni, prima che l'esercito intervenga. Due giorni lunghissimi, se si pensa a tutte quelle vite sacrificate, due giorni in cui domina un caos che, secondo alcuni, permette di giustificare la riconquista autoritaria del potere. Gli hutu cominciano a nascondersi o cercano di raggrupparsi. È nell'ambito di queste tensioni che esploderà il massacro contro questi ultimi al vescovado di Ruyigi.

1 Nel 1991, lo Stato proclama il 5 febbraio "festa dell'unità" e, per l'occasione, crea l'*Inno all'unità*. In realtà, gli hutu rimangono esclusi ed esiste solo un partito unico.

La repressione contro gli hutu sarà violenta quanto quella subita dai tutsi. Cinquantamila morti in quattro giorni? Difficile sapere la verità, tanto le cifre vengono strumentalizzate a fini politici da una parte e dall'altra. Gli hutu hanno massacrato i tutsi e viceversa.

Eppure, il 21 ottobre, la giornata è iniziata come tutte le altre. I bambini vanno a scuola, Maggy all'ufficio per lo sviluppo del vescovado dove lavora. Chloé la accompagna. Di passaggio a Ruyigi tra due sessioni d'esame, si sistemerà in un ufficio vicino a quello di Maggy per studiare con tranquillità. La casa, a ridosso delle colline, è leggermente più in alto rispetto alla piccola borgata di Ruyigi. Lungo la strada Maggy, come d'abitudine, assapora la vista sulle colline rotonde e sulla piccola vallata, nonostante l'aria sia carica di polvere. Quest'anno non sono ancora cadute le prime piogge. La terra è arata e aspetta.

Le due donne attraversano campi di fagioli e di manioca, bananeti e una piccola foresta. Fa fresco. La strada arriva direttamente in centro, passa dietro la gendarmeria, raggiunge la via principale alla rotonda centrale e lascia lo stadio e il mercato sulla sinistra. La città è calma, al contrario di quanto accade nei giorni di mercato, il mercoledì e la domenica, quando i contadini dei dintorni fanno anche venti chilometri per vendere la frutta e la verdura dei loro campi. Come ogni giorno, Maggy costeggia le belle case del centro, costruite in pietra e protette da siepi di alberi intrecciati. Supera un piccolo terreno con grandi pini slanciati e odorosi, poco più avanti incontra l'ospedale rurale. Poi gira a sinistra fino alla cattedrale e raggiunge il vescovado con il suo grande cancello, i suoi edifici di mattoni e i suoi giardini curati. Maggy saluta tutti. Le comunicano che don Thaddée, che si occupa del BDD (l'Ufficio diocesano per lo sviluppo), è appena partito in macchina verso Bujumbura. Il vescovo è in Germania. Maggy si reca direttamente nel suo ufficio, dove comincia a occuparsi delle faccende di ordinaria amministrazione.

Verso le 9, don Thaddée è già di ritorno, molto preoccupato. Ha dovuto fare marcia indietro davanti a uno sbarramento dell'esercito. Avvisa subito Maggy dell'assassinio del presidente, avvenuto quella stessa mattina. Lei decide di tornare a casa. I bambini sono già lì, dal momento che hanno trovato la scuola chiusa. Nel centro di Ruyigi si può già sentire della musica militare in segno di lutto. Maggy è addolorata per questo nuovo omicidio. La sua tristezza è ancora più esacerbata dal fatto che qualcuno ne sia contento. Già sente ridacchiare qua e là. Ma in nessun momento, quel giorno, arriva a pensare che la situazione possa peggiorare. La morte del presidente è già una morte di troppo.

Venerdì 22 ottobre, all'alba, Maggy ridiscende verso il centro di Ruyigi per informarsi sulle ultime notizie. Sulle colline si sono verificati dei massacri di tutsi. Incontra i primi scampati. Gli hutu hanno attaccato per prima cosa scuole e licei, che per loro erano diventati di sempre più difficile accesso.

«Anche feriti, i superstiti correvano. Altri, arrivati durante la notte, erano già accampati nello stadio. Con loro c'erano anche alcuni hutu. Ovunque sulle colline si vedevano nuvole di fumo e fuochi. La paura cominciava a essere palpabile. Ho sentito che era stato attaccato il liceo di Rusengo, quello in cui avevo studiato per diventare insegnante. Vedendo che alcune bande si stavano raccogliendo e organizzando attorno al liceo, gli studenti avevano deciso di scappare. Avevano percorso correndo diciotto chilometri fino a Ruyigi. Alcuni di loro erano feriti. Non si sapeva che nove studenti erano già stati uccisi. Tutti chiedevano informazioni. Quando ho capito la gravità della situazione, sono tornata a casa per cercare i bambini. Non ho preso niente, ho lasciato tutto là, sono andata via con tutta la famiglia. La gente diceva: "Ci uccideranno tutti". Sono andata alla gendarmeria pensando che lì potessero proteggerci. Ma hanno rifiutato di nascondere Chloé e altri tre bambini perché erano hutu. Ho cercato di rivolgermi agli hutu, ma erano convinti che, in quanto tutsi, non mi avrebbero fatto alcun male e non avrebbero toccato i miei bambini. Allora ho deciso di rifugiarmi con i bambini al vescovado. Venerdì eravamo ancora in pochi. Ruyigi si riempiva di persone che avevano bisogno di essere aiutate, curate, nutrite. Nel centro per lo sviluppo, di cui avevo le chiavi, ho preso l'olio, il riso, tutto quello che ci era stato mandato dalla Caritas diocesana per le opere sociali. Poi sono andata a cercare i sacerdoti e ci siamo diretti verso lo stadio di Ruyigi per portare il nostro aiuto. C'era una folla immensa, hutu e tutsi erano ancora mescolati, senza distinzione. Regnava una tale desolazione… Ci sono stati degli screzi. La folla ha incominciato a dividersi. Sentendosi sempre più in pericolo, alcuni hutu si sono allontanati. Ognuno si chiedeva dove avrebbe potuto nascondersi. Speravamo ancora che la catastrofe si sarebbe limitata a quello che stava succedendo sulle colline ma, nonostante le esortazioni alla calma, i paracadutisti lanciati dagli elicotteri e dagli aerei incutevano paura. Nello sguardo di quegli uomini c'era qualcosa di inquietante.

Molte persone sono venute a raccontarmi quanto accadeva sulle colline. Qualcuno si è messo in viaggio apposta per farmi sapere che diversi membri della mia famiglia erano stati bruciati vivi nella loro casa. Cercavano di attizzare il mio odio, invece hanno rafforzato il mio convincimento di restare neutrale. Più l'orrore si diffondeva, più mi sembrava fondamentale e necessario mantenere una posizione forte e salda.»

Lo sguardo di Maggy è velato di lacrime, ma sento che è decisa a proseguire, a scavare nella sua memoria in cerca delle parole giuste. «Non voglio rivangare tutto questo inutilmente, non si tratta di denunciare qualcuno in particolare, ma solo il male assoluto. Sto cercando di capire.» Capire per invitare ciascuno a rimettersi in discussione. È con questo scopo che prosegue il suo doloroso sentiero della memoria.

«Sabato 23, andavo avanti e indietro tra il vescovado e lo stadio per cercare di portare assistenza agli uni e agli altri secondo le nostre possibilità. Tutt'intorno le colline bruciavano. In assenza di pioggia, gli alberi prendevano fuoco uno dopo l'altro come fiaccole. A poco a poco, circa trecentocinquanta persone si sono radunate nel vescovado. Eravamo sempre più preoccupati riguardo a quelli, uomini e donne, che erano stati arrestati per essere interrogati. I militari cercavano di sapere se i massacri di tutsi sulle colline erano stati commissionati. Diciannove hutu erano stati arrestati, tra cui Cyprien, il padre di Lydia e Lisette, che era medico. Di sera sono stati liberati. Era un sollievo che fossero vivi, ma ho visto fino a che punto fossero prostrati. Sono stata molto riservata, non ho chiesto loro cosa fosse successo. La morte era troppo presente. Per loro, io ero anche una tutsi che aveva appena perso alcuni membri della sua famiglia. In momenti del genere è molto difficile fidarsi degli altri. Come convincersi a vicenda della propria neutralità? Non ci sono parole per questo.

Di comune accordo con Cyprien, sono andata a cercare sua moglie Juliette e le loro bambine, Lisette di tre anni e Lydia di sei mesi. Sabato sera sono tornata un'ultima volta allo stadio per portare del cibo ad alcuni miei familiari. C'erano due mie nipoti, di cui una handicappata, alle quali ho proposto di venire a dormire al vescovado. La loro mamma ha accettato.

Molti tutsi erano del tutto all'oscuro di quello che si stava preparando. Ma ha cominciato a girare voce che in città si stessero verificando degli assassinii. Nello stadio un insegnante hutu è stato ucciso.

Sono tornata al vescovado e ci siamo messi ad ascoltare la radio. Il nuovo governo, a maggioranza hutu e instabile quanto il precedente, faceva appello alla calma. Abbiamo pensato che la situazione stesse per placarsi, che la follia stesse per finire tanto in fretta quanto era cominciata, come le terribili ondate di massacri perpetrati in precedenza nel Nord del Paese. All'interno del vescovado ci siamo organizzati meglio che potevamo, dividendo le camere, improvvisando un dormitorio, ed è così che bene o male siamo riusciti a dormire fino all'alba del 24 ottobre.

Era una domenica. Quel mattino mi sono alzata presto per cercare di organizzare la celebrazione della prima messa nell'aula del vescovado. Sentivo che sarebbe stato troppo pericoloso andare alla cattedrale, anche se non sapevo ancora che nelle strade di Ruyigi e in particolare nel vicinissimo istituto professionale i massacri erano già incominciati.

Sono stata una delle prime a vedere la folla degli assalitori che si preparavano a superare la recinzione. Subito tutti hanno cercato di nascondersi. Molti hanno tentato di nascondersi tra il soffitto e il tetto sopra il salone. Ho detto a tutti quelli che erano vicino a me di andare via. Ho gridato: "Scappate, scappate, ci attaccano!". Continuavo a dire a tutti: "Correte, svelti, andate a nascondervi". Chloé era ancora in pigiama. Chloé, i miei bambini, tutti hanno cercato di nascondersi, nella sacrestia, negli armadi, ovunque. Don Thaddée è entrato in una camera, da un prete tutsi. Io e un gruppo di donne siamo entrate in un'altra. Eravamo in otto a voler scomparire sotto un letto a una piazza. Otto! Fa capire lo stato di panico in cui ci trovavamo. Oggi, quando ci ricordiamo questa scena, ne ridiamo...

All'improvviso ho sentito delle voci che mi sembrava di conoscere. Sono uscita chiudendo dietro di me la porta del salone e ho visto una folla armata di bastoni, pietre, bambù e machete, ho riconosciuto alcune facce... alunni del liceo di Rusengo, il marito di una cugina... Credevo di poter negoziare. Ho cercato di parlare: "Non ci sono criminali qui". Non hanno avuto esitazioni, ci conoscevano, conoscevano il posto, sapevano che c'erano delle camere e il salone. Sapevano che avevo la chiave. Non gliel'ho data, ma hanno forzato la porta. Ho chiesto loro di fermarsi, ma uno mi ha schiaffeggiata. "Ancora tu! Tu e le tue idee. Bruceremo tutto, vedrai." Ecco cosa mi hanno risposto.

E mi hanno picchiata. Hanno bagnato di benzina il soffitto e gli hanno dato fuoco. C'era solo un'uscita. C'è stato un tale panico che non sapevo più chi andava e dove. Gli aggressori erano molti, e anche noi. Qualcuno è riuscito a scappare. I pochi tutsi che erano rimasti con noi sono potuti uscire, tranne me.

Allora mi hanno legata su una sedia, mi hanno strappato i vestiti e hanno assassinato gli hutu, uno per uno, davanti a me, in cortile.

Andavano nelle case vicine per cercarne altri e li uccidevano lì o sulla strada. Li facevano a pezzi davanti a me, con il machete, a un metro o due dalla sedia dove mi avevano legata. Sentivo che dicevano: "Addio, Maggy". Hanno trapassato dei corpi con i bambù. Alcuni di quelli che erano nascosti nel soffitto dello stanzone sono morti bruciati. Altri sono scappati. Alcuni in preda al panico, altri, come Cyprien, con grande dignità.

Lo hanno ucciso. Cyprien era hutu, sua moglie Juliette tutsi. Juliette mi ha affidato Lydia, la sua bambina, l'ha deposta tra le mie braccia. E sua sorella Lisette si stringeva a me. "Alleverai tu i nostri bambini, non ti uccideranno". Hanno tagliato la testa a Juliette e me l'hanno buttata sulle ginocchia. La bambina era tra le mie braccia. Quello che l'ha decapitata, io lo conosco. Era troppo insopportabile, mi dibattevo. Uno degli studenti di Rusengo mi ha aiutato a slegarmi in cambio delle chiavi del magazzino. Gli aggressori erano in uno stato incredibile, come se fossero tutti drogati.

Ho capito che non c'era più modo di calmarli. Era terribile vedere delle persone che amavo commettere cose simili. Avevano una duplice missione, uccidere e rubare. Avevano degli obiettivi, dei bersagli.

Non ho notato don Thaddée tra le vittime, allora mi sono messa a cercarlo. La sua camera era completamente devastata. Avevo paura, ogni tanto mi fermavo per nascondermi. Fino alle 15 sono rimasta nel vescovado, così, a correre dappertutto. Non avrei mai potuto immaginare che il massacro si fosse esteso a tutta la città. Gli assalitori si erano distribuiti per Ruyigi alla ricerca di persone precise, uccidendo per le strade, nelle case, davanti alla parrocchia. Ma cosa faceva l'esercito, perché non impediva tutto questo?

Il disordine regnava ovunque. Vedevo gli uomini correre in tutte le direzioni, rubando e saccheggiando quello che potevano. Allora ho pensato che forse potevo salvare qualche bambino dando dei soldi agli assassini. Soldi in cambio della vita di un bambino. E la forza mi tornava. Non era il momento di urlare. Sono entrata e ho preso i bambini che erano nell'edificio in fiamme. Il fuoco si era propagato dappertutto. Da allora non sopporto più il fuoco. Correvo, tendevo un po' di soldi a questo o a quello perché risparmiasse i bambini, almeno i bambini. Perché li portasse alla falegnameria. Cercavo di distrarre gli assalitori, di indicargli quello che potevano saccheggiare per tenerli occupati in qualcosa che non fosse uccidere.

Appena ho potuto, ho cercato di ritrovare Chloé. Piangevo, piangevo. Ero sicura che fosse stata uccisa. Nella cappella del vescovado ho implorato Dio. "Signore, la mamma mi aveva lasciato un'eredità così bella. Mi aveva detto che tu eri Amore..." L'ho invocato ad alta voce. "Chloé è viva? Dove sono i miei bambini?"

Verso le 15 il fuoco si è spento. È tornata la calma. Alcuni assassini vagabondavano, ma isolati. Finivano le vittime, era terrificante. Tra i cadaveri, nel giardino, non ho visto né Chloé né don Thaddée.

Sono andata alla falegnameria dove si erano rifugiati i bambini. Erano venticinque. Abbiamo cercato un posto dove nasconderci. Uno di loro ha suggerito il cimitero, allora ci siamo nascosti lì. Avevamo molta paura. All'improvviso un ragazzino si è offerto di raggiungere la casa di Martin, Martin Novak, il giovane cooperante tedesco. È andato di corsa ad avvisarlo.»

Maggy chiude gli occhi. Può dare solo una pallida idea di quello che ha provato allora.

«Al calare della notte ci siamo diretti a casa di Martin. Avanzavo sulla strada con i bambini. Si sentiva ovunque la morte. Il rumore delle persone colpite a morte. Allora ho capito che in città c'erano altri massacri, scontri e aggressioni. Ho visto un cane che teneva in bocca un braccio tagliato. I bambini avanzavano in un silenzio impressionante nonostante qualcuno piangesse. C'era molto odio nello sguardo delle persone. Avevo l'impressione che stessero per balzare su di noi per scannarci. Mi ricordo che ci prendevano in giro, alcune donne dicevano: "Ah, è meno elegante, adesso!". Eravamo quasi nudi. Avevo addosso solo un velo preso al vescovado. Una donna mi ha prestato una T-shirt. Eravamo feriti. C'era un ragazzino che aveva ricevuto nove colpi di machete alla testa. Il bambino conosceva quello che glieli aveva inferti.

Le mie lacrime si erano seccate, avevo una forza incredibile. Ma avanzare era sempre più difficile: una folla compatta si stringeva attorno a noi. La mamma delle mie nipoti si è quasi gettata su di me, tanto era grande il suo dolore all'idea che le sue due figlie fossero morte. "Dove sono le mie bambine?" gridava. "Sei tu che le hai uccise, non dovevi portarle via". In quel momento si è avvicinata una camionetta. La guidava uno dei miei cugini. Ne sono scese le mie due nipoti e poi Chloé e altri bambini, tutti quelli che avevo adottato. Venivano tutti dal vescovado. Chloé si era nascosta nell'armadio della sagrestia, dietro gli abiti dei sacerdoti. Non l'avevano vista. Aveva cercato di uscire ma, sentendo di nuovo delle grida, era tornata a nascondersi.

Abbiamo urlato di gioia sotto gli sguardi d'odio e di disprezzo, tanto eravamo felici di esserci ritrovate ancora vive. Ma il cerchio si è stretto intorno a noi. Alcuni sapevano che, in quanto hutu e studentessa in medicina, Chloé avrebbe dovuto essere uccisa subito. Quasi percepivo il loro rimpianto che si fosse salvata. In quel preciso momento tutto avrebbe potuto precipitare, se non ci fossero state le macchine di Martin e di Alexis. Senza il loro arrivo imprevisto, non avremmo mai potuto percorrere gli ultimi metri che ci separavano dalla casa di Martin, dove altri superstiti avevano già trovato rifugio.

Quando ho capito che tutti i miei bambini erano stati risparmiati, ho provato una voglia pazza di vivere! Non ho più pensato che a una sola cosa: occuparmi di loro, al di là di quell'odio e di quel disprezzo che avevo incontrato negli sguardi.»

Maggy tace un momento. Non dico niente. Non c'è niente da dire. Il suo viso torna splendente. A un tratto, un'interruzione della corrente elettrica ci fa piombare nell'oscurità. Sento che scoppia a ridere nella notte. «Vedi, ne abbiamo fatto, di lavoro! Ogni volta che manca la luce, penso a tutte le serate che ho passato al buio. Ho dovuto aspettare quarantacinque anni perché nella mia zona arrivasse l'elettricità, quindi una piccola interruzione... Eh sì, da noi va così! Ti ricordi, la prima volta che sei stata qui, ogni sera avevamo al massimo un'ora di elettricità... La corrente sta per tornare...»

Tornata la luce, Maggy prosegue: «Ancora oggi, non capisco cosa spinga un essere umano a commettere simili atrocità. È l'effetto del gruppo? La concatenazione di avvenimenti incontrollabili? La violenza di un'emozione insopportabile? La manipolazione? Cerco le ragioni di una simile ira. È la perdita intollerabile di una persona cara? La paura dello sguardo altrui, di essere considerati vili? Il desiderio di arricchirsi, di vendicarsi? La rabbia per aver perso la faccia? Non so perché sono stata scelta tra tutta questa gente per agire, ma so che oggi, più che mai, ho il coraggio di costruire. Là dove si sono verificate tante atrocità, cerco di far sgorgare una gioia sincera».

Al momento di andare a coricarci, mi prende il braccio e mi rassicura: «Non ti preoccupare, tutti questi ricordi non mi impediranno di dormire, abbiamo troppo da fare domani, non possiamo permetterci l'insonnia, e poi sono successe talmente tante belle cose, dopo!».

Mentre prendo sonno ripenso al nostro primissimo incontro. Nel gennaio del 1999 ero atterrata a bordo del piccolo aereo del PAM (Programma Alimentare Mondiale) sulla pista polverosa di Ruyigi. Due dottori della sezione belga di Medici Senza Frontiere ne erano scesi con me. Avevo approfittato della loro macchina per raggiungere il centro città e la *guest house* dove avevo previsto di risiedere. Mi avevano semplicemente detto: «È lei» indicando Maggy. Era in piedi davanti all'edificio leggermente a strapiombo e ridendo gridava ordini sulla pulizia del posto. Portava un vestito colorato molto luminoso. Mi ricordo che mi era parsa gigantesca, con le braccia aperte e lo sguardo che sembrava abbracciare ogni cosa, oltre l'orizzonte. Ero rimasta sorpresa dalla sua risata e dalla sua esuberanza, dall'evidenza di quella donna estroversa in mezzo a una popolazione così riservata. Al di là delle sue parole e della sua voce potente, avevo sentito la delicatezza di un'interiorità straordinaria, profonda, come un universo intero racchiuso in una sola persona. Abbiamo camminato insieme fino alla Maison Shalom. Alcune donne avevano partorito da poco. Maggy le aveva sollecitate perché nutrissero anche i neonati orfani. Arrivando, avevo trovato una decina di donne sedute con due bambini tra le braccia, il loro e un orfano. Maggy allora aveva precisato: «Le donne musulmane sono le più aperte a questa pratica».

Capitolo 3
STORIA DI UN ODIO

Maggy dice del suo Paese e della Chiesa che sono «i suoi due genitori dalle membra malate», ma che li ama perché l'hanno fatta diventare quella che è. Il primo con la sua storia caotica e dolorosa, la seconda con i suoi valori e le sue contraddizioni. «Un proverbio del nostro Paese afferma che chi vuole essere guarito deve avere il coraggio di confessare le proprie malattie. Se noi burundesi non guardiamo in faccia le nostre malattie, non guariremo mai.»

In quale momento il Burundi si è ammalato? Difficile dirlo con certezza, tanto la storia di questo Paese è controversa. Dal 1997, l'Unesco ha organizzato un programma per la scrittura della storia del Burundi, ma fatica a essere portato a termine. Inutile dire quanto sia delicato stabilire un'unica versione di fatti il cui racconto cambia radicalmente da un libro di scuola all'altro, a seconda della posizione politica dell'autore. Ancora più difficile dal momento che la memoria è particolarmente dolorosa.

In origine il territorio era abitato dai twa, della grande famiglia dei pigmei. Oggi questa terza etnia, ormai minoritaria (meno dell'1% della popolazione) e particolarmente povera, secondo alcuni sta addirittura scomparendo, benché sia più integrata nel nuovo processo democratico. È dunque proprio tra gli hutu e i tutsi che si è giocata davvero la storia del Paese. I primi, popolo di agricoltori, sarebbero arrivati attorno al X secolo, raggiunti progressivamente dai tutsi, pastori venuti da nord. In realtà, questa versione semplificata dell'arrivo successivo delle due etnie, sarebbe stata formulata in questo modo per legittimare la dominazione degli uni sugli altri o per reclamare diritti di anteriorità dei primi sui secondi.

Un altro approccio mira a privilegiare la ripartizione clanica dei poteri e delle funzioni. La società era organizzata intorno a una struttura monarchica. La colonizzazione, pur introducendo un altro sistema, si è appoggiata su quella struttura. Maggy ha conosciuto questa forma di organizzazione più antica. Il figlio del capo era un amico di suo padre. A volte torna nella regione per parlare ai bambini di quel periodo sereno per le colline. A Ruyigi, le circoscrizioni tradizionali rappresentavano l'autorità locale incaricata del buon funzionamento della società. Questa nobile funzione si trasmetteva immutabile di padre in figlio e, ancora oggi, molti contadini fanno riferimento a quel tipo di autorità anche se ufficialmente non esiste più alcuna carica. «Tra le nostre famiglie, solo quella del capo disponeva di una vettura. Rendeva servigi a tutti con la sua camionetta, lo si poteva disturbare a qualsiasi ora.»

Comunque sia, sembra che il mito dei "tutsi evoluti" e degli "hutu fatti per obbedire" sia stato metodicamente veicolato per diversi decenni dai missionari e dall'amministrazione coloniale belga, presente nel Paese dal 1916. A quell'epoca, su certe riviste si poteva leggere: «I tutsi sono così belli e intelligenti che non meritano di essere negri!». Nel 1936, durante l'Esposizione coloniale di Parigi, gli africani venivano ancora presentati agli occidentali come delle curiosità.

Dopo la seconda guerra mondiale, quando il movimento di decolonizzazione raggiunge il Burundi, l'élite del Paese, riunita intorno al principe Rwagasore, vuole l'indipendenza. Nell'ottobre del 1961, l'assassinio del principe non mette in discussione il processo e, nel 1962, il Paese riacquista la propria sovranità. Scoppiano allora delle lotte di potere basate su principi etnici, regionali e di clan. Nel 1965 anche il primo ministro Pierre Ngendandumwe viene assassinato e si verificano i primi massacri, in particolare nel Nord. Una prima ondata di hutu lascia il Paese per rifugiarsi in Ruanda. Al contrario, i tutsi del Ruanda, che cominciano a essere metodicamente allontanati dal potere, trovano accoglienza proprio in Burundi.

Maggy si ricorda di quei rifugiati. All'epoca aveva nove anni: «Quando ero piccola, ho studiato alla scuola primaria con quelli che noi chiamavamo gli *impunzi*, i rifugiati. Non capivo cosa significasse quella qualifica perché parlavamo la stessa lingua, avevamo gli stessi tratti somatici. L'unica differenza, ai miei occhi, era che l'Alto Commissariato per i Rifugiati forniva loro degli aiuti che, del resto, a volte provocavano gelosie. Questa cosa mi è sempre rimasta impressa».

Un anno dopo, nel 1966, il Burundi conosce il suo primo colpo di Stato: Micombero, tutsi del Sud, sale al potere. Maggy non ricorda alcun impatto concreto sulla vita delle colline.

«Non ci sono stati contrasti nella nostra regione, in quel periodo. I tutsi erano una piccola minoranza, ma non mi sono mai sentita minacciata. Certo, esistevano delle differenze. I tutsi per esempio non consumavano alcuni alimenti come le termiti o i funghi, ma la convivenza era pacifica. Certo, c'erano dei conflitti, ma riguardavano il diritto comune, come il furto di una mucca o una controversia fondiaria.

Esisteva anche un senso della solidarietà molto radicato: se un contadino non aveva sementi, le chiedeva in prestito senza problemi alle famiglie vicine più ricche, e questo al di fuori di ogni considerazione etnica. Vivevamo realmente in una condizione di armonia.»

Alla fine della scuola primaria, grazie ai suoi buoni risultati, Maggy ha l'opportunità di proseguire gli studi. Nel 1970 entra in un collegio a Bujumbura. «In quel periodo non esistevano ancora distinzioni etniche, l'istruzione era veramente una questione di merito. Le scuole erano state create dalla Chiesa, dalle congregazioni religiose, che continuavano a gestirle. Il collegio ci formava davvero perché diventassimo mogli di ministri "ben educate, all'europea". Quando ripenso a certi corsi di bon ton, non posso fare a meno di ridere. Tutte le ragazze che erano con me, oggi occupano posti importanti, grazie ai loro studi o al matrimonio. Ci hanno veramente educato come un'élite, con un insegnamento di ottima qualità.»

Maggy studia ancora quando, nel 1972, ha luogo in tutto il Paese una prima epurazione etnica di intellettuali hutu.

«Avevo sedici anni. Al collegio cattolico eravamo mescolati. Alcune amiche mi confidarono che il loro padre, funzionario, medico o reverendo che fosse, era scomparso. A volte, a scuola, i ragazzi ricevevano una lettera che comunicava la morte di uno dei loro genitori, di uno dei loro parenti. La mettevano in tasca e facevano come se niente fosse. Quando, tornata a casa, ho chiesto alla mamma, mi ha risposto: "Non ne so molto, preghiamo per i nostri fratelli". Tutto veniva accuratamente nascosto. Certi giorni delle alunne piangevano, ma nessuno voleva assolutamente sapere perché. Più tardi ho capito la loro sofferenza, il dolore di non potersi esprimere. Non ne avevano il diritto. Alcune hanno dovuto traslocare perché la loro casa era stata letteralmente requisita. I discorsi ufficiali erano tali da escludere qualsiasi contestazione. Quanto accadeva era "per il bene della nazione: meglio dimenticare e pensare all'avvenire". A partire da quel momento, ognuno ha cercato di sapere chi era hutu e chi era tutsi. Oggi mi chiedo se i mandanti di quelle esecuzioni pensavano veramente che i bambini e le mamme potessero uscire indenni da queste sofferenze senza covare dentro di sé alcun desiderio di vendetta. Vorrebbe dire che conoscevano molto male la natura umana, oppure che si sentivano potenti e invincibili... che arroganza! Hanno addirittura approfittato del rapporto che hanno i burundesi con la fatalità, risorsa ancestrale che ha a lungo permesso di sopportare condizioni di vita difficili e che la religione cristiana ha sfruttato in modo semplicistico: "È Dio che lo vuole!". Ci hanno semplicemente presi per degli imbecilli e noi li abbiamo lasciati fare.»

Dopo questi massacri, il potere ha cercato di trovare delle vie di riconciliazione, ma era troppo tardi, la società era già scissa. Questo episodio storico è uno dei più controversi. Repressione smisurata di una rivolta che avrebbe fatto un migliaio di vittime tutsi. Impossibile avanzare una cifra: da 100.000 a 300.000 morti su una popolazione totale di 2,5 milioni di abitanti. L'imposizione del silenzio ad aumentare il dolore. Gran parte della comunità hutu è stata demonizzata allo scopo di giustificare gli stermini. Secondo Maggy, è a partire da quel periodo che si è prodotta una vera e propria segregazione e che le dicerie sono state usate a fini politici. Voci insidiose, accuse più o meno fondate che hanno progressivamente trasformato la società e il Paese. La storia di Ruyigi costituisce un esempio sintomatico di questa mutazione. Rappresenta bene quella dell'intero Burundi e della sua società.

Le colline di Ruyigi non erano le più fertili né le più popolate. La vita era molto povera senza essere davvero difficile. «Sulle colline raramente fa caldo, la terra è generosa e tutto cresce rapidamente. Quindi vivevamo di un'economia di sussistenza. Un adagio in kirundi dice: "Mangia poco e vai a letto presto". A Ruyigi era così.»

La famiglia di Maggy possiede vaste terre, i suoi genitori e i suoi zii vivono in case disposte attorno alla capanna rotonda del nonno, che i coloni hanno imposto di costruire in pietra. Ancora oggi una zia abita in questa casa di riferimento, intorno alla quale si tengono sempre i consigli di famiglia.

Il patriarca, poligamo, ha avuto quindici figli, che regalano a Maggy svariati zii e zie, e ancora più cugini e cugine. I bambini giocano insieme. L'arrivo del fratellino Apollinaire, nel 1960, non cambia il ritmo di vita di Maggy. Ragazzina, va ad attingere l'acqua alla sorgente, ai piedi della collina. Al di là di quel confine, per lei c'è un mondo selvaggio che le fa un po' paura. «S'immagini[1], ci avevano messo in guardia contro le scimmie, che potevano aggredirci se le incrociavamo sulla strada. A volte vedevamo anche delle gazzelle, che gli uomini si facevano un vanto di cacciare e di cui ci piaceva la carne. Poteva succedere che riportassero un leone. Era una vita semplice e pacifica.»

Un po' più grande, Maggy oserà inerpicarsi sulla collina: «Pensavo che da lassù avrei potuto toccare il cielo».

Progressivamente, la colonizzazione e l'evangelizzazione portano con sé la modernizzazione del Paese. Se la generazione del nonno di Maggy diffida di queste trasformazioni, quella dei suoi genitori apprezza i vantaggi dell'educazione e il miglioramento delle condizioni di vita. Maggy ha dei ricordi molto belli della Ruyigi della sua infanzia. La piccola

1 Maggy apostrofa spesso il suo interlocutore con questo "s'immagini" che, detto da lei, ha più l'aria di un intercalare che di una formalità.

borgata del centro, sviluppata dai belgi grazie al commercio con la Tanzania, era bella. Le piacevano gli edifici attorno al mercato, puliti e ben costruiti, in mattoni o in pietra.

«Quando sono andata a scuola, mio nonno mi ha detto: "Non dimenticare mai che è una scuola di bianchi, non perdere il senso della famiglia".» Frequentando quella scuola, la stessa dei suoi genitori, Maggy si rivela sotto una luce particolare. Bibi, la sua maestra di allora, si ricorda di lei quando aveva circa dieci anni: «Non sopportava la sporcizia, che pure ci era familiare. Puliva con cura i bambini dei contadini, togliendo loro le pulci e quei piccoli vermi incrostati sotto le unghie».

Ma, anche se ha iscritto i suoi figli e i suoi nipoti alla scuola dei bianchi, il nonno di Maggy rimane diffidente nei confronti della modernità e della chiesa, che pure frequenta. Si rifiuta di piantare la patata dolce e il caffè imposti dai colonizzatori ed esce molto presto la mattina per versare dell'urina di vacca sulle piante e farle seccare.

«Era un uomo molto autoritario ma molto retto. Mi ricordo che gli portavamo il pranzo e nessuno doveva guardarlo, perché in Burundi mangiare è un atto molto intimo. Ma io guardavo. Dovevo sempre disobbedire.

Alla fine del raccolto, in luglio, al momento di stoccare i fagioli, organizzavamo una grande festa. Ognuno si presentava davanti al nonno. Veniva uccisa una mucca. Si preparava la pasta di miglio con cui veniva rivestita la calebassa[2] da latte. Si recitavano preghiere speciali in kirundi, poesie per benedire il prossimo raccolto e le culle che avrebbero accolto i nuovi nati. Allora eravamo sicuri di ricevere la benedizione di Imana, il dio unico, perché avevamo condiviso i nostri beni in famiglia con coloro che erano stati malati e

2 Una varietà di zucca che, svuotata ed essiccata, viene usata come contenitore o per la costruzione di piccoli strumenti musicali [*N.d.T.*].

non avevano potuto coltivare la terra. Era un momento importante di riconciliazione familiare, i problemi venivano esposti e risolti. Se c'era un assente, la cerimonia non poteva avere luogo.»

Maggy si dice fiera di aver ricevuto questa eredità e di averla saputa migliorare nel modo in cui suo nonno le aveva insegnato. «"Mettete tutto nel setaccio, conservate il meglio e buttate gli scarti lontano da voi." Questo era ciò che ci insegnava.» Un atteggiamento che le dispiace non vedere messo in pratica più spesso nel suo Paese. «Abbiamo conservato molto poco della nostra cultura tradizionale, e di sicuro non le cose migliori. Avremmo dovuto batterci, ma abbiamo ceduto alla pressione della modernizzazione e dell'evangelizzazione.»

A poco a poco, in effetti, i diplomi hanno permesso un accesso generalizzato ai posti di responsabilità, che tradizionalmente si tramandavano invece per lignaggio, per decisione dei capi o per merito. Come nel caso dei *bashingantahe*, i saggi incaricati della giustizia, che erano cooptati dalla società. L'intera struttura sociale ne risulta quindi modificata in un tempo relativamente breve.

«La transizione è stata difficile e ha accentuato le differenze sociali. "*Ukize akira isuka*", dice il proverbio, "felice chi lascia il suo villaggio". I funzionari si sono messi a disprezzare i contadini e le loro condizioni di vita, ai loro occhi miserabili. L'impiegato del comune non accettava più di tornare a dormire sulla stuoia o di passare del tempo con la mamma rimasta nella capanna o insieme al fratello e alla sorella sulle colline. Si è creato un vero e proprio fossato anche all'interno delle famiglie dove, per esempio, noi che andavamo in collegio eravamo trattati come bianchi.»

Dal 1974, come alunna interna presso le suore di Bujumbura, Maggy osserva nel corso dei suoi studi le trasformazioni della società burundese. Mentre assimila l'educazione che le viene impartita, cerca di mantenere viva la tradizione delle sue colline.

«Ho sempre amato Ruyigi e volevo tornarci. Forse per ritrovare un legame con una parte di me stessa che mi era stata tolta, con tutti quei riti tradizionali che i miei cugini praticavano ancora e che mi erano in un certo senso vietati. Per tutta la durata dei miei studi sono tornata a Ruyigi solo quando c'erano delle vacanze abbastanza lunghe e sentivo il divario tra la vita delle colline e quella della scuola, dalle suore, dove non c'era più traccia della nostra tradizione. Per esempio, quando sono arrivata al convitto ho scoperto il senso della proprietà, che da noi non esisteva. A casa, tra i cugini e i bambini di passaggio, condividevamo tutti gli stessi vestiti. E all'improvviso le suore ci hanno imposto di limitarci a quello che avevamo portato e di riporre tutto nel *nostro* armadio. Mi ha rattristato non poter condividere i miei vestiti con la mia vicina di dormitorio. Mi sono sempre sentita come se appartenessi a due mondi. Quando ho finito il ciclo di studi classici inferiori al liceo di Bujumbura, ho sentito il desiderio di tornare a Ruyigi. Mi è sembrato ovvio iscrivermi all'istituto magistrale e poi insegnare nella scuola pubblica. Non immaginavo, al contrario delle altre, di rimanere a Bujumbura. E sono tornata a Ruyigi, sulle colline di Nyamutobo, dove sono nata. Facevo due chilometri a piedi tutti i giorni per venire a Ruyigi. Le persone erano scandalizzate per questo. Non capivano che potessi ancora camminare adesso che ero una funzionaria. Questo non ha niente a che fare con i problemi etnici. Abbiamo avuto dei problemi sociali e la questione etnica vi si è riversata.»

Il tradizionale senso dell'obbedienza dei contadini di fronte ai notabili si sposta quindi verso le nuove figure del potere locale: il medico, il comandante di distretto, il sacerdote, l'insegnante, l'incaricato per lo sviluppo e, più tardi, il cooperante internazionale. Tutti, inconsciamente, diventano manipolatori e manipolati. Nel Paese, in effetti, la politica ha un senso soltanto per una piccolissima minoranza. Il potere si gioca in una cerchia molto ristretta. In lingua kirundi non esiste neanche il concetto di "colpo di Stato". Ma è proprio un secondo colpo di Stato, nel 1976, a porre Bagaza alla testa del Paese.

Quando nel 1979 Maggy diventa insegnante, la segregazione etnica non le appare ancora in modo evidente. Si interroga sullo sviluppo e sul miglioramento delle condizioni di vita nella regione, che con suo dispiacere vede languire o addirittura regredire. La Chiesa e i missionari, di cui Maggy ammira il lavoro, investono parecchio nella zona. Dopo due anni di insegnamento, nel 1981 vola in Europa, a Lourdes, per perseguire una formazione per laiche all'interno dell'associazione Auxilium. Vi si ritrovano donne di tutti i Paesi, attive e impegnate. A più riprese si è interrogata su una sua vocazione religiosa, ma ha sempre sentito che non era veramente la sua strada.

Parallelamente ai difficili mutamenti sociali ed economici, si combatte una nuova guerra, etnica e soprattutto regionale. Le differenze sociali alimentano l'odio per l'etnia vicina. Certo, esistono tutsi poveri e hutu ricchi, con differenze consistenti a seconda delle regioni, malgrado le piccole dimensioni del Paese, ma la quasi totalità del potere è in mano a famiglie provenienti da una stessa regione, quella di Bururi, nel Sud del Paese. E se Maggy precisa di non avere paura a dirlo, è perché molti burundesi al contrario temono di affermare chiaramente questa evidenza.

Di ritorno a Ruyigi, nel 1983, Maggy coglie chiari segni di trasformazione nella società. La maggior parte dei posti importanti sono ora occupati da gente del Sud, a cominciare da quello di governatore locale e da altri dodici, sui quindici che conta il Burundi. Così come sono originari del Sud il consigliere, il medico che dirige l'ospedale, i presidi delle scuole e dei licei, il contabile comunale, il capo della sicurezza, il direttore della prigione, il direttore del progetto agricolo e d'allevamento. Maggy percepisce la frustrazione di tutti quelli che sono stati scartati dai posti chiave nonostante la loro competenza o la loro efficienza. Si preoccupa per la mancanza di comprensione dei problemi locali da parte dei nuovi venuti, per la loro apatia che provoca il declino di Ruyigi. «Che differenza, rispetto alle circoscrizioni tradizionali e alla gestione comunitaria dei beni. C'era un innegabile senso dell'equità. Non sono nostalgica, ma abbiamo fallito la trasformazione della società, abbiamo fatto delle scelte sbagliate. La popolazione era chiamata a pagare delle tasse mentre non sapeva niente dell'uso che ne veniva fatto. Non c'è stata alcuna preparazione sui doveri e i diritti civici. Si verificavano degli arresti arbitrari. I burundesi non hanno nessuna cultura della contestazione e quelli che hanno provato a protestare sono stati minacciati.»

È in questo contesto che Maggy riprende l'insegnamento. È il 1984. Gli istituti sono diventati laici. Maggy non accetta di essere uno strumento politico al servizio del potere e rifiuta di applicare la politica di segregazione etnica ufficiosamente radicata nella scuola. Per due anni di seguito, diversi alunni hutu vengono bocciati nonostante i loro ottimi risultati, mentre alunni tutsi mediocri passano alla classe superiore. Maggy si indigna, rivendica lo stesso diritto all'istruzione per tutti. «Non potevo accettare che si usasse il criterio etnico per l'orientamento scolastico, che un alunno interrompesse i suoi studi anche se era stato promosso agli esami, col pretesto che era nato sulla collina sbagliata, o che un altro, in quanto tutsi, beneficiasse di una corsia preferenziale per l'università.» Le fanno sapere che non sono affari suoi. Lei insiste, viene sospesa ma non si rassegna e sporge querela contro lo Stato. All'udienza del processo, che vincerà nel 1986, si rivolge al ministro dell'Istruzione in questi termini: «Sta scavando per la nostra patria un baratro in cui sprofonderà lei stesso!».

Ha trent'anni.

Alla fine del processo, Maggy lascia Ruyigi per insegnare un anno a Gitera, dove ritrova le stesse difficoltà. «Fuggi dalla pioggia e ti ritrovi nel fiume» dice un proverbio del Burundi. Con l'aiuto del vescovado ottiene allora una borsa di studio per seguire dei corsi di segretaria di direzione in Svizzera. «Mi serviva una formazione estera, disturbavo con il mio comportamento.» I tre anni in Svizzera saranno interrotti da una permanenza a casa di sei mesi per vegliare la madre malata di cancro, che morirà nel 1989. Di ritorno a Ruyigi, nel 1990, il vescovo le propone un impiego all'Ufficio diocesano per lo sviluppo. I discorsi che si fanno nel Paese sono sempre gli stessi: pace e riconciliazione, così recita il messaggio ufficiale; esclusione e intimidazione sistematica sono la realtà quotidiana con cui si deve di nuovo confrontare. «Come si poteva pretendere che tante bugie e tante ipocrisie non finissero per esplodere?!»

Anche le bugie e le ipocrisie coltivate per generazioni in Burundi hanno una parte di responsabilità nei massacri periodici che hanno attraversato il Paese fino all'incendio del 1993. «È come un ascesso che è scoppiato.» Questa cultura del non detto e dell'ipocrisia è un vero e proprio flagello in un Paese in cui "fare come se" sostituisce la relazione con l'altro. «I burundesi non hanno mai imparato a sviluppare la loro personalità, ad avere fiducia in se stessi. Se ti sposi e tuo marito non ti rispetta, tu fai come se… Se non sei credente, continui a chiedere consiglio agli stregoni, vai a messa, fai come se… Tuo marito ti ha picchiata, tu dici che sei andata a sbattere, fai come se… ed è così per tutto.»

Nel 1987, nella capitale, ha luogo un terzo colpo di Stato. Il maggiore Buyoya, tutsi, prende il potere con la forza. L'anno seguente grosse ondate di massacri devastano il Nord del Paese.

Nel 1992, al vertice di La Baule, il presidente francese François Mitterrand invita i governi africani ad aprirsi alla democrazia in cambio del proseguimento della cooperazione francese. Nel giugno del 1993 si tengono in Burundi libere elezioni. Il maggiore Pierre Buyoya raccoglie il 35% dei consensi, cioè molti di più rispetto a quelli della sua etnia (14%), ma non abbastanza per essere eletto. I partiti dell'opposizione, nel periodo della campagna elettorale, hanno usato l'argomento etnico ispirato dalle tesi degli estremisti hutu del Ruanda, anche loro maggioritari ma al potere dall'indipendenza del Paese.

È innegabile che il concetto di etnia sia diventato uno strumento politico efficace, visto che alla fine è l'hutu Melchior Ndadaye a essere eletto presidente. Uscito da poco dalla clandestinità, il nuovo potere non è molto preparato. I contadini, che speravano in un cambiamento radicale in seguito alle promesse elettorali, si spazientiscono perché i risultati tardano ad arrivare. Il clima di paura si rafforza all'interno delle due comunità: tra i tutsi, che vedono diminuire il loro potere e assistono impotenti al montare del genocidio in Ruanda; tra gli hutu, profondamente segnati dalla politica di segregazione condotta contro di loro per decenni. Gli estremisti di entrambe le fazioni e di entrambi i Paesi hanno approfittato di questo succedersi di contrasti per inasprire le proprie posizioni sempre più esclusive.

In Ruanda, il potere nelle mani degli hutu ha aperto la strada a un genocidio organizzato e pianificato, strumentalizzato dal 1992 contro la minoranza tutsi. In Burundi, i tutsi, al potere dall'epoca dell'indipendenza, faticano a fare posto agli hutu, che pure sono largamente maggioritari. Il vivo ricordo della coabitazione pacifica non ha impedito la divulgazione da parte di entrambi i gruppi di logiche "genocide".

Quando il 21 ottobre 1993 il presidente hutu Melchior Ndadaye viene assassinato, in una parte del Paese scoppiano massacri interetnici, che mischiano rivolte, sommosse popolari e manipolazioni etniche e politiche.

Ancora oggi, dopo dieci anni di guerra civile e due anni di pace, la logica della divisione etnica è molto forte e, anche se non ha legittimità storica, le conseguenze che ne derivano devono essere assunte da un intero popolo. In quarant'anni sono morte centinaia di migliaia di persone solo a causa della loro appartenenza etnica. In molti, oggi, si rendono conto dell'inutilità delle sofferenze patite.

«In tutta sincerità,» mi ha detto un giorno Maggy per riassumere il suo punto di vista, «penso che quello dell'etnia sia un falso problema. È l'estremismo che bisogna combattere, la discriminazione, qualunque essa sia. Culturalmente non siamo portati a pensare per noi stessi, ma mi sembra che non possiamo più prescindere da questo cambiamento. Ognuno deve riappropriarsi della propria vita. Molti Paesi sono passati per atroci guerre civili o di religione. Ogni popolo ha attraversato periodi difficili, ma ogni popolo ha avuto i suoi profeti. Io cerco i profeti.»

Capitolo 4
IN NOME DEL VANGELO

Il sole sorge presto e subito corre verso lo zenit. Sei mesi a sud, sei mesi a nord. Sento la campana della prima messa. Devono essere circa le 7, Maggy si è alzata da tempo. Lisette e Lydia si preparano per andare a scuola. Si sente il meraviglioso canto degli uccelli. Questa notte ha piovuto, è una festa, la luce è tersa. Il richiamo del muezzin ha echeggiato quanto le campane.

Due donne si affaccendano in cucina. La tavola della colazione è già pronta. Marie-Lucie, un'amica del liceo che oggi gestisce la Maison Shalom, aspetta Maggy parlando con Christoph e Traudl. La coppia, rimasta al fianco di Maggy negli anni più cupi, oggi abita in Germania ed è qui per valutare i progetti della Maison Shalom finanziati dalla Caritas tedesca, per la quale Christoph lavora. Lui sembra molto calmo, profondo. Stringo la mano ampia che mi tende mentre mi presenta sua moglie Traudl. La loro presenza è un colpo di fortuna per cercare di circoscrivere meglio il lavoro di Maggy.

Lei entra nella stanza con le braccia cariche di fascicoli, seguita da Immaculée che viene a salutarci. Arrivata alla Maison Shalom nel 1994, dopo la morte di sua madre, la giovane Immaculée è diventata l'assistente di Maggy, una volta terminati gli studi. Mi porge sorridendo il suo ultimo nato, poi si ritira in ufficio, dove il telefono ha già squillato una decina di volte. Maggy assegna due o tre compiti, sbriga alcune faccende di ordinaria amministrazione e si preoccupa dell'autista. Vorrebbe passare da sua "figlia" Justine e prendere la strada per il campo di Kabuyenge in compagnia di Prime, uno dei pilastri della Maison Shalom. Devono valutare insieme il progetto di una cooperativa. La macchina è pronta, piena di provviste fino al tetto.

Stamattina vorrei andare all'arcivescovado. Maggy non può più tornarci.

«Ho raccontato molte volte e molte volte sono tornata perché bisognava farlo e anche perché ero troppo in collera, volevo gridare al mondo la mia rivolta di fronte a quello che avevo visto, la parte peggiore dell'essere umano. Eppure l'uomo è anche capace di tirare fuori la sua parte migliore. Se ci ritorno, sento le grida, vedo le fiamme, i colpi di machete, il sangue, le membra tagliate, la mia impotenza e anche l'odio, vedo l'odio e piango.»

Maggy non è una persona che vive nel passato, ma nel presente e nel futuro. Non vuole dimenticare niente, vuole costruire. Questo dolore che vive in lei, non lo nega. Lo testimonia il modo in cui a volte, all'improvviso, i suoi occhi si riempiono di lacrime. Ma quasi nello stesso istante, un sorriso la illumina ed è come un arcobaleno in cui si mischiano la pioggia e il sole. Forse è questo che la rende eccezionale: la sua capacità di prendere tutto dell'essere umano, il meglio come il peggio, ciò che è più evidente come ciò che è più complesso, negli altri tanto quanto in se stessa.

Cammino lentamente sulla strada che porta al vescovado. Passo davanti alle cattedrali: quella vecchia, troppo piccola ma ancora utilizzata, di fronte a quella nuova, immensa, spettacolare e non ancora finita. Di domenica la cattedrale è sempre piena e ogni funzione accoglie folle di burundesi vestiti a festa per la loro uscita settimanale. A Ruyigi non ci sono molte distrazioni.

I lavori per la cattedrale hanno sconfinato nel cortile della scuola diocesana, ora invaso di calcinacci. I bambini non possono più giocarci liberamente. Le aule scolastiche malandate aspettano un ipotetico rinnovamento. Eppure Ruyigi conta ben due cattedrali. Questione di priorità...

Il vescovado è un posto gradevole. I muri alti proteggono gli edifici interni, circondati di alberi e di giardinetti. L'economo mi apre la porta. Mi riconosce e mi accompagna. Sa cosa sono venuta a vedere.

Il salone è stato completamente rimesso a nuovo. Non una traccia, non una targa commemorativa, niente. Tutto è stato cancellato e mi chiedo che legame si mantenga qui con la memoria, indispensabile per evitare che la storia si ripeta. Nulla lascia pensare che qui, nell'ottobre 1993, si sia compiuto un massacro. Maggy più tardi mi racconterà che una piccola targa, molto sobria, è stata affissa al muro della cappella del vescovado. Una targhetta così discreta che non l'ho vista, di quella discrezione tipica dei burundesi, per cui il riserbo, il non detto e l'obbedienza sono uno sport nazionale in contrapposizione al quale Maggy, ribelle, indipendente e disobbediente, si è formata. A immagine probabilmente di sua nonna paterna che, dopo la nascita del primogenito, il padre di Maggy, abbandona marito e figlio per seguire un commerciante in Uganda, il che non è molto frequente, soprattutto per una burundese. Oppure a immagine di sua madre Thérèse, vedova nel 1962 a ventiquattro anni, che rifiuta di risposarsi con uno dei fratelli del marito come vorrebbe la consuetudine e pretende di restare fedele alla memoria del padre di Maggy. Non solo non accetterà di lasciare la sua casa, ma reclamerà la parte di eredità familiare a cui la donna in Burundi ha diritto solo a condizione di restare imparentata con la famiglia del defunto, di non risposarsi e di non avere altri bambini. Il nonno paterno di Maggy accetterà, disobbedendo anch'egli una prima volta alla tradizione, e poi una seconda, chiedendo a sua nuora di tramandare il nome del suo amato figlio, Barankitse.

In Burundi, dopo l'evangelizzazione, ogni bambino riceve alla nascita un nome cristiano e un patronimico. La scelta del nome Marguerite si riferisce a una zia materna molto rigida, nubile, una donna ligia al dovere che aveva adottato sua madre Thérèse, rimasta orfana molto giovane, ma in cui Maggy non ha mai potuto vedere la dolce figura di una nonna. Il suo patronimico è Habonimana, in kirundi "Dio che veglia". Quando nel 1962 Michel Barankitse muore di cancro, il nonno, molto addolorato, chiede a Thérèse di cambiare il nome di famiglia dei suoi due bambini, Maggy e Apollinaire, in Barankitse, ovvero "Ce l'hanno con me".

«Le famiglie davano questi nomi tremendi per paura, per sviare l'attenzione altrui, per non suscitare invidia. Adesso è tutto il contrario, si danno solo nomi di gioia, di speranza, di fortuna, ma sempre in maniera esagerata. Per mio nonno, la famiglia era un dono sacro, "un regalo dell'Altissimo", è così che diceva. Ma "Ce l'hanno con me"... Io non voglio farmi carico di un simile piano d'azione!» Tuttavia Maggy è fiera di portare il nome di quell'impiegato delle poste che, alla nascita della figlia, la porta a sedici chilometri di distanza per il battesimo e le fa i primi bagni, disobbedendo a sua volta all'usanza e alla tradizione. Un uomo che fa il bagno a sua figlia in Burundi è un'eresia! Siccome dopo il parto la madre è troppo debole, il padre è felice di darle il biberon. Non si vergogna di portarla tra le braccia fuori di casa. Al contrario, ne è fiero. «Amavo molto il papà, forse più ancora della mamma. Aveva uno sguardo... Tutto in lui ispirava rispetto. Era molto giusto. Gli altri bambini venivano sempre da noi perché raccontava tante storie. Era un uomo gentile e generoso. Mio fratello Apollinaire ha preso da lui molto più di me!»

Fin da bambina, Maggy non ha mai smesso di disobbedire. Prima alle suore della scuola primaria, quando la svegliavano alle 6.30 con la campana per andare a pregare nella cappella: per la piccola Marguerite non si prega a ore fisse. «Dicevo alle suore che sarei andata a pregare quando avrei sentito che era il momento.» Poi alle sorveglianti del convitto, quando va a ballare di nascosto. «C'era Jeannine, che era soprannominata *kad* Jeannine (la piccola Jeannine). Andavamo a ballare di nascosto, mettevamo dei cuscini nei nostri letti per far credere che stessimo dormendo. Dopo aver fatto baldoria tutta la notte, a messa eravamo le prime, e con che energia!»

È indisciplinata anche con gli educatori della scuola superiore dove studia per diventare insegnante. Una sua amica e compagna di studi ricorda: «Pensi che poteva chiedere il permesso di tornare a casa per portare viveri da distribuire alle alunne interne che venivano da lontano e che, di conseguenza, non avevano la fortuna di essere in famiglia. Se le rifiutavano il permesso, faceva di tutto per dileguarsi senza che i professori lo sapessero. E arrivava in orario alla lezione delle 17.30, dove imitava il professore che si sistemava i pantaloni o che si tirava la barba quando non aveva niente da dire, o addirittura il direttore – un frate – che fumava la pipa, arringando le alunne o rimproverando le ragazze più vanitose, tra cui c'era anche Maggy. Lei non si piegava davanti a un educatore ingiusto». Più tardi, in Europa, verrà soprannominata "Pas question" ("Neanche per idea").

Maggy disobbedisce anche alle norme sociali. Rifiuta di sposarsi o di diventare una religiosa come converrebbe alla condizione della donna, a cui in Burundi vengono offerte poche prospettive. «Non sono diventata una religiosa perché non era la mia vocazione, anche se mi piaceva pregare. Mettevo in pratica la religione in tutti gli atti della mia vita, andavo all'ospedale, aiutavo gli orfani. Anche al liceo frequentavo ambienti cattolici, partecipavo ad azioni caritative e volevo andare a trovare Madre Teresa. Ma è vero anche che non ero capace di obbedire. Era una dote che non avevo. In quanto religiosa, sei tenuta a un'obbedienza totale. Non avrei potuto andare in convento e mettere dei vestiti comprati per me da una madre superiora.» Donna libera, anche se non ha mai saputo molto bene in cosa questo si sarebbe tradotto per lei, vuole restare fedele a quella chiamata che da sempre ha sentito nel profondo del suo essere, quella chiamata di cui parla il Vangelo che ha studiato a Lourdes, in seno all'associazione Auxilium. «A Lourdes ho ricevuto un insegnamento che mi ha permesso di realizzare il mio sogno: testimoniare la mia fede come laica nel mondo.» Secondo una sua amica che lavora in quel centro, «aveva tutti i talenti, avrebbe potuto diventare una brillante donna di mondo ma aveva una non comune sete di assoluto. Quello che ha fatto con la Maison Shalom oggi la oltrepassa, lei lo vive come una grazia rivelata attraverso il suo impegno con i bambini». L'assoluto: Maggy non ha sete che di questo. «Che bello sarebbe, se il mondo avesse capito il messaggio di quel pazzo di Nazareth.» È la madre che le ha trasmesso quel messaggio e gliene ha dato testimonianza quotidiana per tutta la vita.

«La mamma era una donna molto buona, sempre allegra, persino quando si è ammalata. Durante i sei mesi in cui l'ho vegliata prima che morisse, non l'ho mai sentita lamentarsi.

È rimasta allegra fino al suo ultimo respiro. Quando ero piccola, a volte la sua bontà mi disgustava. Bisognava sempre che dividessimo tutto con gli altri, e vedevo che si faceva sempre infinocchiare da questo o da quello. Ma lei mi rispondeva: "Se non ti hanno mai fregata vuol dire che non sei mai stata buona". Era ingenua, ma quell'ingenuità in lei era una forza. Quando ha sentito parlare del massacro di Sabra e Chatila in Libano, ha fatto una colletta e ha portato tutto all'aeroporto di Bujumbura per darlo a una sua amica. Siccome questa sua amica prendeva l'aereo, la mamma ha pensato che avrebbe potuto fare un piccolo scalo per portare il suo aiuto ai palestinesi che ne avevano bisogno! Era figlia unica, orfana, non è andata a scuola, ma la sua semplicità di cuore uguagliava qualsiasi insegnamento. Aveva convinzioni autentiche e me le ha trasmesse. Ai suoi occhi, le parole di Cristo valevano solo se venivano messe in pratica. L'uguaglianza tra le persone, la condivisione, l'ascolto della sofferenza dell'altro, la difesa dei più deboli, la devozione, tutti questi valori erano essenziali per lei. Mi ha insegnato la sincerità. Che bel regalo! Non aveva tabù. Quando un bambino si trovava nel bisogno, lo accoglieva in casa e lo accudiva senza badare alla sua etnia. Non faceva calcoli. Il granaio era pieno di sorgo, la stalla di mucche. Conoscevamo l'abbondanza, potevamo condividerla. Ogni domenica mi mandava a portare del cibo all'ospedale, nel caso in cui un malato fosse stato trascurato dalla sua famiglia. Il suo non era un atteggiamento comune. Non giudicava gli altri e non attribuiva alcuna importanza a quello che potevano pensare di lei. Era una donna indipendente e buona. Persino quando è stata danneggiata nella divisione delle terre, ha avuto la dolcezza di dire: "È più importante conservare l'amicizia dello zio che portarlo in tribunale". Ed era così allegra, così allegra. Quanto sono severa, rispetto a lei!»

Ha scoperto il Vangelo, benché a volte lo spirito di libertà e generosità che ha ereditato l'abbia portata a ribellarsi ai principi troppo rigidi della Chiesa.

Dall'arrivo dei missionari a Ruyigi, nel 1933, le opere di carità partecipano all'organizzazione della società: costruzione di presidi sanitari, di scuole, presa in carico dell'educazione. Maggy prova ammirazione per questi uomini e queste donne che hanno tagliato tutti i ponti con il loro Paese d'origine, con la loro famiglia, per integrare costumi diversi. Ne prova ancora di più per coloro che sono stati cacciati dal Burundi subendo l'ingratitudine del Paese, o per coloro che sono rimasti pur in mezzo ai massacri. È più riservata circa il processo di evangelizzazione "in superficie". Oggi è preoccupata per la crescente proliferazione delle sette.

«All'interno della Chiesa ho incontrato persone eccezionali come il nunzio apostolico assassinato nel 2003 quando, dopo tre anni di lavoro in Burundi, la sua missione stava per finire. Era irlandese e si era sforzato di imparare la nostra lingua. Era un uomo straordinario, un modello per me. Un vero cristiano, un testimone. Che è andato fino in fondo. Ha davvero donato la propria vita per portare a termine la sua missione. Ha rischiato la propria vita per liberare il vescovo di Ruyigi, rapito un lunedì di Pentecoste e tenuto prigioniero per una settimana. Uno dei suoi discorsi, che viene ancora letto in tutto il Paese, cominciava con queste parole: "Vi esorto a smettere di uccidere i vostri fratelli e le vostre sorelle". Quando è morto ho scelto di non scoraggiarmi e di seguire il suo esempio. Credo nella bontà dell'uomo. Molti sacerdoti sono stati assassinati. Trovo vergognoso che si siano potuti commettere atti simili in un Paese che si dice al settanta per cento cristiano.

Il vescovo di Ruyigi, monsignor Joseph, amico dei miei

genitori, mi ha insegnato i valori evangelici. Vicino a lui ho imparato la bontà. Aveva perso i suoi due fratelli nel massacro del 1972 ma è rimasto benevolo nei confronti di tutti. C'era un legame quasi filiale tra noi. E, come il figlio crescendo deve lasciare i genitori, anch'io ho dovuto spiccare il volo. Le difficoltà non mancano, ma sono come quelle che un bambino incontra con i genitori. Ci dobbiamo talmente tanto, oggi, lui e io.

La giornata del 24 ottobre ha mostrato fino a che punto la pratica della religione nel nostro Paese avesse un lato superficiale. Questo non toglie niente alla sincerità di alcuni, ma bisogna arrendersi all'evidenza: un reale consenso ha permesso questi massacri, compresi quelli avvenuti in un luogo sacro. Non avrei mai creduto che potessimo non essere al sicuro in un simile luogo. Di domenica, oltretutto! E quel luogo non è stato rispettato perché esiste nel cuore degli uomini un posto dove queste carneficine sono state possibili. Ma allora che pratica religiosa è? Denuncio a chiare lettere la farsa generale, ma non accuso nessuno, né la persona che ha forzato le porte del salone, né tutti quelli che sono arrivati con le pietre, i bambù, i machete, che hanno dato fucili agli studenti. Non si può condannare un uomo, si può solamente condannare un atto, un gesto.»

Ma Maggy sa anche che quasi certamente la Maison Shalom non sarebbe mai esistita senza la Chiesa e le sue organizzazioni caritative. «S'immagini tutto quello che mi ha donato questa madre, non solo la parola del Vangelo ma anche l'assistenza materiale. Ancora oggi è la Chiesa cattolica che finanzia buona parte della Maison Shalom. È una madre che non ha mai smesso di nutrire i suoi bambini, fin dall'inizio della nostra azione. Le agenzie dell'ONU e le ONG sono arrivate molto dopo. La Chiesa ha certamente molte macchie, ma vivere il Vangelo rende liberi.»

Nel silenzio del salone del vescovado, ripenso alle sue parole.

«Abbiamo bisogno di atti concreti per sradicare il germe di quell'ondata di follia. Abbiamo anche bisogno che sia fatta giustizia e io la reclamo perché è un dovere della società. È essenziale mostrare che certi atti sono riprovevoli. L'impunità è una bomba a scoppio ritardato. Ma ci sono troppi assassini nel nostro Paese, non si può giudicare tutti. È una realtà con cui dobbiamo convivere. Non dico che bisogna accettarla, ma dobbiamo cercare di creare una situazione in cui un odio così feroce nei confronti dell'altro non abbia veramente più cittadinanza. Dobbiamo inventare un modo di vivere senza odio che agli occhi della gente appaia gratificante. Oggi vedo che alcune persone si trasformano, vedo estremisti che cominciano piano piano ad avvicinarsi, a pensare diversamente, cioè per conto proprio e non più in funzione del gruppo da cui provengono e che li ha condizionati. È una cosa piuttosto recente ma bella. È un lavoro interiore che non risparmia gli uomini di Chiesa, al contrario. Sono i primi a doverlo fare. Altrimenti tutto ricomincerà. Il popolo ha bisogno di parole sincere. Nonostante tutto ciò che è successo, continua a cercarle nella religione, e questa aspettativa non deve essere delusa.»

Non voglio lasciare il vescovado senza visitare il cimitero improvvisato in cui, il giorno dopo il massacro, Maggy ha sepolto i settantadue corpi. «Bisognava fare in fretta, c'erano delle persone che ci spiavano. Temevamo che venissero a dissotterrare i cadaveri per derubarli. Avevamo già constatato che erano scomparse delle catenine d'oro.» Oggi quelle sepolture non vengono più curate. Una bougainvillea bianca lotta con i rovi vicino a una fila di alti eucalipti. Tre mucche brucano distrattamente. Sono venute ad aggiungersi altre tombe, più piccole – Félicie, 22-27 luglio 2004 –; si muore presto in Burundi. Guardo la fossa, dove sono riportati solo una decina di nomi sui settantadue che dovrebbero figurarvi. Dieci nomi seguiti dalla formula «e i loro amici», che da sola comprende decine di vite. Si muore anonimi in Burundi. Alcuni di coloro che si sono rifugiati nel vescovado e sono stati uccisi nel corso di quella giornata venivano dalle colline vicine, erano di passaggio a Ruyigi. Non si sapeva chi fossero e nessuno è mai venuto a informarsi sulla loro scomparsa. Sembra che qui si nasca e si muoia in incognito che altrove. In Burundi quanti sono venuti al mondo senza un atto di nascita e se ne andranno senza un atto di morte? A volte un certificato di battesimo spunta dai registri ecclesiastici, ma la cosa riguarda solo i cattolici.

Ora, senza un nome, senza una traccia, come possono i vivi elaborare il lutto? Tanto più che l'evangelizzazione massiccia del Paese ha creato a sua volta confusione: i cimiteri non hanno mai sostituito simbolicamente le sepolture tradizionali e il rapporto con gli antenati di un tempo. I morti, sempre inumati ai piedi di un albero, venivano visitati ogni giorno, e ricevevano un piccolo regalo o qualcosa da mangiare. Tutti sapevano esattamente dove ciascuno era sepolto. Un unico aspetto della tradizione si è conservato: le tre cerimonie di lutto. Dopo il decesso, il morto viene sepolto in fretta per motivi sanitari. Poi, una settimana dopo, il lutto viene parzialmente tolto. Infine, a un anno di distanza, si tiene una terza cerimonia e in quel periodo ognuno può dire la sua riguardo al defunto, reclamare una parte di eredità, dichiarare i figli naturali. Dopodiché dello scomparso non si parla più e le sue tracce vengono cancellate.

«È nostra responsabilità onorare i morti per meglio rendere omaggio alla vita. Perché se i morti hanno il posto che gli spetta, anche i vivi troveranno più facilmente il loro. È un lavoro difficile ma indispensabile. Che significato aveva seppellire quei corpi mentre avevamo tanto da fare per i vivi? Non mi sono nemmeno posta il problema. Bisognava dare loro una degna sepoltura. Ma hanno potuto avere una tomba solo nel luglio del 1994. Ho provato un grande sollievo. Abbiamo potuto raccoglierci apertamente con i bambini, non più sul luogo di un dramma ma su un luogo di riposo. E questo cambia molto. I bambini hanno potuto trovare nel loro cuore un posto per chiamarli "papà", "mamma" senza alimentare l'odio verso chi glieli aveva tolti. Identificarne la tomba significava per loro ritrovare una dignità. Allora ho potuto comprendere tutto il dolore di chi aveva perduto i genitori durante i massacri del 1972. Quel dolore è stato moltiplicato all'infinito dall'impossibilità di piangere i propri morti. All'epoca, pur vivendo con Chloé, non avevo capito fino a che punto ci si fosse fatti beffe di tante vite e come, attraverso queste ingiustizie, fossero stati nutriti terribili desideri di vendetta. I bambini del 1972 erano diventati gli adulti del 1993.»

Oggi, in Burundi, centinaia di migliaia di persone devono compiere un cammino di elaborazione del lutto. Tutti hanno perduto qualche familiare. Grazie a gesti fondamentali come la costruzione di questa tomba, Maggy osa interrogarsi sul rapporto con la morte della società cui appartiene e misura a poco a poco il lavoro da compiere per alleviare tutti i dolori sofferti dai burundesi e lasciati in sospeso.

Lascio il cimitero per raggiungere uno di quei bambini. Chloé aveva sette anni quando nel 1972 suo padre, un pastore protestante, è stato ucciso. A quel tempo, non lo ha potuto piangere. Ultima nata di una famiglia di dodici bambini, viene da Bururi, dalle colline del Sud da cui sono venuti i primi tre presidenti e i più importanti uomini di potere del Burundi. Ma lei è hutu. Aveva tredici anni quando ha incontrato Maggy e quasi sedici quando, alla morte della madre, è diventata sua "figlia".

Chloé, la "figlia maggiore" di Maggy, mi aspetta davanti alle porte del vescovado. L'ho conosciuta di recente e, con discrezione e dolcezza, mi ha confidato le sue pene, le sue gioie, le sue difficoltà. Non è così facile essere contemporaneamente la figlia maggiore, l'amica, la collega e la sorella di Marguerite. Perché è così che Chloé la chiama; curiosamente, il nome per intero sembra rivelare un'intimità molto più profonda che non il soprannome. Al contrario di Maggy, Chloé è molto riservata, come chiusa in se stessa. Mi sembra che la sua discrezione e la sua calma nascondano una dolorosa forma di violenza, quella di tutti gli anni in cui la guerra civile ha plasmato la sua giovinezza, fino a portargliela via. La donna dai capelli corti che mi viene incontro oggi ha quasi quarant'anni. Il suo passo lento è carico della stanchezza del passato. Eppure sento che da poco si è aperta una breccia, che si sta profilando una nuova vita.

«Ho potuto andare a scuola dagli otto anni ed è stato lì che ho incontrato Marguerite Barankitse, una ragazza tutsi, elegante ma magra come un chiodo. Mi insegnava inglese, religione e kirundi. Aveva una faccia diversa da quella dei tutsi che avevo conosciuto prima. È diventata la mia madrina e poi la mia mamma, quando nel 1981 mia madre è morta.»

In più occasioni Maggy mi ha parlato della bambina triste e riservata che era Chloé. «Era ferita, l'ho portata all'ospedale. L'ho aiutata a parlarmi del suo trauma, ho cercato di consolarla. Io ero stata amata, circondata d'affetto, e non sopportavo che la stessa cosa non valesse per questa ragazza solo perché era hutu. Tutti i bambini del mondo hanno bisogno di qualcuno che li ascolti e li consoli. A poco a poco ha accettato di confidarsi e alla fine, quando sua madre è morta, l'ho presa con me.» Ma Chloé è hutu, protestante, e viene dal Sud, tutte cose che l'amministrazione locale di Ruyigi detesta. «S'immagini! Nel mio entusiasmo, non ho percepito le tensioni intorno a me, tra i miei colleghi. Non volevo sentir parlare di distinzioni tra hutu e tutsi. La mia gioia mi rendeva sorda alla cattiveria strisciante. Mi hanno deliberatamente screditata per farmi perdere il posto di insegnante. Mi hanno messa in difficoltà. Mi ci è voluto molto tempo per capirlo. Volevano nuocermi e mi chiedevo come rimanere cristiana. Chloé è diventata una donna gentile, sorridente, discreta, intelligente, desiderosa di studiare. Con mio nipote, mia nipote e le altre sette persone che vivevano con me nel 1993, sia hutu sia tutsi, formavamo una vera famiglia.»

Capitolo 5

UNA SCOMMESSA INSENSATA

Nell'ottobre 1993, al momento dei massacri, Chloé ha ventisei anni. Rimane nascosta per tutto il giorno nell'armadio della sacrestia, ed esce solo quando riconosce la voce di un cugino di Maggy. «Quelli che erano con quel ragazzo avevano dei machete e hanno cominciato a finire i feriti.» Insieme ad altri superstiti, fugge a bordo di una camionetta. Sulla strada ritrova Maggy e i venticinque bambini. «Marguerite ci ha accolti con lacrime di gioia e di sofferenza.»

Chloé mi ha guidata fino alla casa di Martin Novak. Ho sentito spesso Maggy ricordare con infinita tenerezza il giovane cooperante tedesco che ha accettato di accoglierla e di dividere tutto, senza temere di mettere in pericolo la propria vita; che ha capito il messaggio del ragazzino mandato da Maggy alla fine di quella terribile domenica; che è corso con Alexis a raggiungerla, lei e i venticinque bambini, in mezzo agli sguardi ostili, alle parole pesanti e a un odio pronto a esplodere nuovamente.

Martedì 26 ottobre 1993, un elicottero viene a cercarlo, come tutti gli europei. Sapendola in pericolo, Martin chiede a Maggy di partire con lui. Ma certo doveva sapere che era inutile. «Lascerò il Paese soltanto se non resterà più un solo bambino per cui posso fare qualcosa» gli risponde. Mentre lei esprime la sua collera contro Dio per aver permesso i massacri, Martin dà tutto quello che ha per aiutare ogni singolo bambino arrivato con Maggy.

«Martin sarebbe andato via nudo, se non lo avessimo obbligato a tenere una camicia e un paio di pantaloni. È un uomo buono. Per me erano i miei fratelli, le mie sorelle, ma per lui! Ha rischiato la vita! S'immagini... Come fa una persona ad avere un cuore simile, un cuore così grande?» Oggi Martin abita in Germania. Non lavora più in ambito umanitario né nella cooperazione. Si è dedicato all'informatica e si è rifatto una vita.

«Quando è partito, ho sentito che non dovevo rimanere soltanto per quei venticinque bambini, ma per tutti i bambini e tutte le mamme in pericolo. Avevo ritrovato tutti quelli che vivevano con me prima dei massacri ed erano vivi! Mi ero sempre sentita chiamata a una missione, ma non sapevo quale. Fino a quel momento avevo sempre avuto paura di non farcela, di non avere forza a sufficienza per quello che presentivo, di essere infedele a me stessa. Avevo paura dei giudizi altrui. E all'improvviso ho visto come un segno. Prima ero io, Maggy, che aiutavo alcuni bambini, ma nel 1993, davanti a una simile sofferenza, ho sentito una specie di chiamata a lasciare tutto e a contare sull'onnipotenza di Dio. Mi sono messa al suo servizio. Ero trascinata da questa forza; per due giorni non ho mangiato, ma non sentivo la fame. Avevo una tale energia! Non sono mai stata tanto vicina a Dio come in quei giorni. Ero così impotente, eppure quell'amore mi rendeva forte. Ero sfinita ma non c'era disperazione sul mio volto. La cosa bella è che il nostro cuore può sempre andare oltre. Sempre.»

Diverse decine di profughi si sistemano con Maggy nella casa di Martin. Per una settimana non escono se non in caso di assoluta necessità. Si arrangiano dormendo l'uno a fianco all'altro. Arrivano alcuni feriti a farsi curare da Chloé. Di sera, i vicini scivolano tra le recinzioni per riunirsi intorno a Maggy. Antoine è tra questi. È un giudice, appartiene alla stessa generazione di Maggy ed è appena arrivato nella provincia. Ricorda: «Non abbiamo capito niente di quello che stava succedendo. Dopo i massacri eravamo come tornati bambini. Maggy ci ha consolati, lei ci supera tutti».

In un contesto del genere, si fa fatica a immaginare quali risorse permettano a Maggy di andare ad aiutare a seppellire le vittime del massacro del vescovado.

«Dopo una settimana ho iniziato a uscire di casa, c'era tanta gente da aiutare... Le persone portavano solo i vestiti che avevano al momento della loro fuga precipitosa. Quando uscivo, spesso tornavo con uno solo dei due *pagne*[1] che portiamo abitualmente. L'altro lo davo alle donne che non potevano lavarsi, per offrire loro semplicemente un po' di dignità.»

Per quindici giorni, la strada che va verso la capitale rimane interrotta. Grazie agli aiuti internazionali viene organizzato un ponte aereo per far arrivare dei prodotti alimentari. Le ONG, già presenti in Burundi prima dei massacri, si organizzano e adattano la loro opera alla situazione d'emergenza. Action Aid, MSF e Caritas del Belgio, PAM e Unicef cercano di coordinare la loro azione. La popolazione riunita nello stadio viene distribuita in diversi terreni della città, dove vengono improvvisati degli accampamenti sommari. La mutua assistenza spontanea delle prime riunioni nella casa di Martin si organizza in un comitato provinciale per coordinare gli aiuti.

Un rappresentante di Action Aid, il rappresentante del BDD, il parroco e i due preti della parrocchia di Ruyigi, il

[1] Un indumento costituito da un panno che viene legato intorno alla vita o all'altezza delle ascelle [*N.d.T.*].

giudice provinciale Antoine, Alexis, il direttore della DPAE (Direzione Provinciale per l'Agricoltura e l'Allevamento), il coordinatore dell'azione sociale, il dottore in agraria si riuniscono ogni giorno per cercare di moltiplicare le forze.

«Abbiamo inventato, improvvisato. Non ho mai voluto lavorare sola» spiega Maggy. «Fin dall'inizio, sono stata felice di quel comitato misto formato da hutu e da tutsi: dimostrava che lavorare insieme era possibile, che eravamo al servizio di un ideale nobile.»

Tra loro, «Alexis è stato un esempio per tutti noi. Degli hutu avevano appena ucciso e bruciato sua madre. E lui non serbava rancore». Insieme a un collega, quest'uomo sulla trentina si incarica del trasporto dei feriti e viene ogni sera ad assicurarsi che i bambini abbiano da mangiare. Hutu o tutsi, non fa differenza. «Facevamo il giro delle case e passavamo molto tempo a discutere con gli uni e con gli altri.» Alcuni tutsi prendono delle iniziative lodevoli: per esempio, il governatore hutu viene protetto per un mese in casa sua. Tutti atti che rafforzano Maggy nella sua convinzione e nel suo operato.

«Il comitato provinciale ha fatto sì che riuscissimo a sostenerci a vicenda. Ho potuto continuare a battermi. Non bisognava scoraggiarsi, tanto più che, sotto la pressione delle atrocità, alcuni avevano scelto di lasciare la città non appena la strada era stata riaperta. In altri si percepiva un'estrema aggressività, che aspettava la minima occasione per scatenarsi di nuovo.»

Attorno a Ruyigi le carneficine continuano. Ogni giorno porta il suo carico di cattive notizie e si innesca una spirale di orrori. Vengono uccisi in modi atroci soprattutto gli uomini, attraverso i quali in Burundi si trasmette l'appartenenza etnica. Le donne e le ragazze vengono violentate e mutilate. «Ho visto l'essere umano nelle sue condizioni peggiori, annientato, negato, stroncato. Niente poteva consolarmi. Non riuscivo nemmeno a piangere.»

Agli abitanti di Ruyigi sono necessarie diverse settimane per cogliere l'ampiezza e la ferocia dei massacri che hanno avuto luogo sulle colline. Aline, per esempio, viene portata da Maggy il 26 ottobre. Ha la metà del viso strappata ed è piena di ferite su tutto il corpo. È una piccola tutsi di soli cinque anni. Il 22 ottobre, sulle colline di Butezi, tutta la sua famiglia è stata uccisa: i genitori, i sette fratelli e sorelle. Gli hutu hanno incendiato il villaggio e dato la caccia agli abitanti nella savana. Un uomo le ha tagliato la gola con un machete e poi le ha colpito la testa con una pietra. Se n'è andato quando si è convinto che fosse morta. Una donna l'ha raccolta e l'ha portata da Maggy priva di conoscenza.

Maggy accoglie i bambini, qualunque sia il loro stato. «Ero come desensibilizzata, è questo che mi ha permesso di agire. Nessuno pensava che Aline avrebbe potuto sopravvivere alle sue ferite. Oltre alle cure che le ha prodigato Chloé, ha ricevuto quelle dal dottor Paolo, a Butezi. Quando è stato possibile andare a Bujumbura, ci abbiamo portato Aline perché venisse operata, anche se in modo sommario. Ma non era l'unica in quello stato. La desolazione era ovunque. I superstiti che si trovavano nello stadio hanno cominciato a morire di dissenteria. Un bambino che ci era stato portato è morto prima della fine della settimana.»

La casa di Martin, che si trova vicino all'ospedale, è una delle belle dimore del centro di Ruyigi. Protetta da una sottile recinzione di legno, attualmente ospita una sede amministrativa. Ci giriamo attorno. Chloé mi indica il passaggio attraverso cui lei e Maggy uscivano di notte, quando tutti i bambini dormivano. Tornavano all'alba, prima che si svegliassero. Molto spesso i bambini non si accorgevano nemmeno della loro assenza.

Curiosamente, qui ancor più che al vescovado percepisco la fragilità della vita in quei giorni di fine 1993 e quello che dovesse essere la pressione terrificante dell'ostilità generale. «In un certo senso si può riuscire a capire l'esplosione di violenza di un giorno, ma la cosa peggiore è l'odio freddo che si esercita a fuoco lento per farvi cedere, per svilirvi, quell'odio che all'alba ci faceva trovare dei cadaveri sullo steccato.»

Maggy aveva chiesto asilo a Martin per una notte. Vi resterà sette mesi, con Chloé e i venticinque bambini. Mesi spaventosi, tra i più neri della sua vita, ma non privi di risate e – sempre e comunque – di vita. È in quel periodo che nasce il progetto della Maison Shalom, una scommessa insensata per un Paese che sta per sprofondare in una lunghissima e terribile crisi.

Il numero di morti nell'ottobre 1993 non sembra essere più alto rispetto al 1988, quando 50.000 persone sono state massacrate nel Nord del Paese. Il numero di profughi è invece aumentato in maniera impressionante. Nel 1988 erano 60.000. Nel 1993 sono quasi un milione, tra tutsi e hutu. I primi si sono raggruppati in campi più o meno protetti dall'esercito.

Non disponendo di effettivi sufficienti ad assicurare la sicurezza di ogni collina, le forze armate hanno creato delle zone protette in cui si radunano coloro che vengono definiti "sfollati". Alcune regioni diventano infrequentabili per i tutsi, altre per gli hutu. Questi ultimi si sparpagliano sulle colline o per le strade e cercano di fuggire verso il Ruanda, la Tanzania o lo Zaire. Vengono chiamati "gli sparsi".

Le colline sembrano deserte, tutti si nascondono non appena passa qualche veicolo, anche se è degli operatori umanitari. Gli hutu non hanno ancora dato vita a una ribellione organizzata. Dopo le estorsioni commesse ai danni dei tutsi, la repressione ha letteralmente svuotato le colline allo scopo di braccare i criminali, "spargendo" tutta la popolazione hutu, donne e bambini compresi, qualunque sia il loro coinvolgimento nei massacri. Gli sfollati e gli sparsi, con il loro sradicamento e il loro errare, testimoniano della crisi profonda che attraversa il Paese. Eppure Maggy afferma, ogni giorno un po' di più, la propria neutralità accogliendo una moltitudine di vite sconvolte.

Il 22 ottobre 1993, Gloriose, una ragazzina tutsi di tredici anni, vicina di casa di Aline, ha visto i genitori morire sotto i suoi occhi sulle colline di Butezi. Le due sorelle minori sono riuscite a sfuggire al massacro, ma Gloriose è stata portata via dagli assassini. Stuprata per settimane, viene infine abbandonata nella casa dei suoi aggressori quando questi fuggono in Tanzania. È incinta, ma non lo sa ancora.

Alcune "vecchie mamme" hutu la portano prima a Butezi e poi a Ruyigi, da Maggy, dove si trovano già le sue sorelle. «Il cuore e la solidarietà non hanno etnia, quelle vecchie mamme si vergognavano di quello che avevano fatto i loro figli. Gloriose è sempre stata molto coraggiosa, non si è mai lamentata. Portava in sé anche la gioia. Essere incinta non sembrava prostrarla, il contrasto con tutti quelli che non avevano più voglia di vivere era sorprendente.» In Burundi, una ragazza che rimane incinta senza essere sposata viene sistematicamente respinta dalla propria famiglia, a maggior ragione se è stata violentata da un uomo dell'altra etnia. Gli aggressori lo sanno bene e usano lo stupro come un'arma di guerra. Maggy accoglie tutte queste ragazze. Le circonda di tenerezza come ha fatto con Gloriose, per permettere loro di raccontare ciò che hanno passato, per aiutarle a superare il trauma. Così compie dei piccoli miracoli: nell'agosto del 1994, Gloriose ha partorito una bambina e l'ha chiamata Inamahoro, "figlia della pace".

Eppure è difficile conservare la calma in mezzo a una folla sempre più numerosa e vulnerabile. I movimenti della popolazione svelano la miseria delle colline, l'estrema fragilità dell'economia messa in difficoltà da una demografia galoppante. Non solo lo sfruttamento dei campi non è più sufficiente a nutrire famiglie numerose, ma la guerra le costringe a lasciare le poche briciole di terra che assicuravano una minima sussistenza. I contadini, affamati e terrorizzati, hanno percorso a volte anche dieci, quindici o venti chilometri a piedi, di notte, per arrivare a Ruyigi. Come nutrirli? Alcuni ritornano di nascosto ai loro campi per raccogliere un po' di verdura. Furti e saccheggi si moltiplicano.

Le distribuzioni di cibo e gli aiuti d'emergenza organizzati per cercare di mitigare questa situazione non sono sufficienti. Le prime vittime sono le donne e i bambini. La distribuzione si basa sulle reti esistenti, tra cui quella delle parrocchie. La missione, già difficile da condurre per quanto riguarda i profughi del centro città, si rivela quasi impossibile sulle colline. Per ogni spedizione serve un lasciapassare a testa, il che significa ore di negoziati con l'amministratore comunale perché faccia le firme necessarie. «E nel frattempo le persone morivano» dice Christoph.

In quei primi mesi a Ruyigi, Christoph e Traudl hanno aiutato Maggy ogni volta che potevano. Raccontano la loro storia con grande emozione.

«Eravamo arrivati in Burundi solo da una decina di giorni quando abbiamo incontrato Maggy. Dovevamo restare tre anni a Ruyigi come cooperanti, mandati dall'organizzazione Misereor per rilanciare il BDD, l'Ufficio Diocesano per lo Sviluppo diretto da don Thaddée e dipendente dal vescovo, di cui Maggy era ancora la segretaria. L'ufficio aveva organizzato degli interventi puntuali ma non aveva un vero programma di sviluppo. Per esempio si occupava della costruzione di una scuola, ma non di assicurarne l'attività didattica, cosa di cui era incaricato lo Stato. Siamo arrivati con l'obiettivo di realizzare programmi di questo tipo e ci siamo trovati a dover organizzare distribuzioni alimentari per decine di migliaia di persone.

Il nostro primo incontro con Maggy è avvenuto al vescovado, in modo un po' formale. Oltre gli alti cancelli, tutto era deserto. Immobile, sola nel suo ufficio, Maggy ci aspettava. Poi, quello stesso giorno, ci ha portato fino alla casa di Martin, dove abbiamo visto i bambini e Chloé. Occuparsi di quegli orfani era una sua iniziativa privata, non aveva nulla a che vedere con il BDD. Si ingegnava per recuperare del cibo a destra e a sinistra, per scovare sapone e vestiti. Il suo progetto non era molto chiaro, ma lei parlava già di reinserimento, cosa che sembrava incredibile in un Paese totalmente devastato come quello che avevamo visto. Avevamo appena trascorso una settimana nel Nord per valutare la situazione e impratichirci nell'organizzazione degli aiuti d'emergenza, cosa che non era il nostro mestiere. È difficile descrivere quella marea umana, quelle persone che stavano morendo di fame, estenuate, con ferite che nessuno curava. Anche a Ruyigi l'atmosfera era molto strana, con tutta quella massa di rifugiati che occupavano il centro in uno stato di estrema miseria. Ma nessuno sapeva veramente cosa fare. Tutti erano impietriti. Maggy era una delle poche persone che si attivavano in tutti i campi, sia per creare un legame tra le persone sia per rassicurarle, discutere o portare loro del cibo.

Soprattutto, era l'unica che osava parlare apertamente dei massacri, esprimere la propria rivolta e pronunciare le parole rimaste a lungo un tabù, "hutu" e "tutsi", quando la legge del silenzio faceva di tutto per occultare la segregazione. Non faceva come se non fosse successo niente. Sembrava non avesse paura di dire le cose. Era evidente che si trattava di una donna eccezionale, ma non ancora così libera e così indipendente come è oggi. In quel periodo, la sua mansione di segretaria del vescovo non le permetteva una simile autonomia. Ma la cosa non sembrava infastidirla, dal momento che era la sua formazione e il suo ambito di riferimento. Maggy aveva colto perfettamente il funzionamento della Chiesa e lo ha sempre rispettato. Ciò non le ha impedito di prendere spesso la parola. Cercava continuamente di capire, di convincere. All'inizio non è stata molto ascoltata, ma questo non l'ha scoraggiata.

Per sicurezza, Maggy doveva usare una macchina per tutti i suoi spostamenti. Siccome non l'aveva, la portavamo con la nostra. A volte ci diceva: "Guardate quello laggiù, è un assassino… e quello, avete visto i suoi vestiti? Appartenevano a una delle sue vittime!".»

Nel corso di quei primi mesi, Maggy riesce di tanto in tanto a uscire dall'atmosfera estremamente pesante di Ruyigi. Bujumbura, all'inizio del 1994, ha conservato il ritmo di vita che aveva prima della guerra. Per andarci le succede di nascondersi nel bagagliaio della macchina di Christoph e Traudl. Quando è in collera, preferisce evitare di entrare in contatto con i militari che tengono sotto controllo il Paese moltiplicando i posti di blocco. «Come hanno potuto lasciare che venissero commessi questi massacri? Il loro compito non era di garantire la sicurezza? Alla violenza hanno risposto con la violenza, perpetuando la spirale infernale della vendetta.»

A Bujumbura Maggy incontra le sue amiche, con cui può discutere di altre cose, esprimere il proprio astio, piangere… e sognare. Va a trovare i conoscenti, fa piccole commissioni. Tanti momenti "normali" che le permettono un po' di distacco per affrontare le prove senza venirne travolta, per cercare di calmare quella rabbia che la abbandona solo raramente.

Christoph e Traudl lavorano soprattutto con don Thaddée. «Lo abbiamo incontrato qualche giorno dopo il nostro arrivo. Era ancora molto debole. Presente al vescovado il 24 ottobre, era riuscito a nascondersi in un'arnia per diversi giorni grazie alla sua piccola statura. Quando lo hanno ritrovato era prostrato. Era stato un gesto coraggioso da parte sua rimanere a Ruyigi, una città a maggioranza tutsi, mentre lui era hutu.» È sconvolto nel ritrovare alla messa della domenica carnefici e vittime sulle stesse panche. A quel punto smette di officiare. In compenso ritrova Maggy, Christoph e Traudl, per celebrare l'eucaristia nella cappelletta. La coppia si è subito associata all'azione di Maggy e Chloé. Si aiutano a vicenda per cercare di dare da mangiare a tutti e di curare i feriti, siano essi hutu o tutsi.

Una delle maggiori difficoltà incontrate da Christoph e Traudl riguarda la questione etnica.

«Bastava che distribuissimo cibo agli hutu perché i tutsi ci qualificassero come "filo-hutu", anche se aiutavamo semplicemente i poveri. Siccome l'85% della popolazione era hutu, c'erano necessariamente più hutu bisognosi che tutsi. È matematico. Maggy ci ha aiutati a spiegare chiaramente il nostro lavoro. All'inizio, le persone si nascondevano nei bananeti quando sentivano arrivare la nostra macchina. Mi ricordo di una domenica, verso la fine di dicembre, in cui siamo usciti con il vescovo. Non abbiamo visto nessuno.

Tutte le case erano bruciate. Abbiamo fermato l'auto, il vescovo è sceso, ha chiamato e abbiamo visto una famiglia, una donna con un bambino e un uomo ferito che non aveva ricevuto alcuna cura. Avevamo con noi solo una confezione di latte e cereali. Gliel'abbiamo data.»

Proprio in quel periodo, alla radio trasmettono spesso una canzoncina in cui si ripete come un ritornello la parola *shalom*, "pace" in ebraico. La canzoncina, che in quei giorni cupi Maggy e i bambini cantano regolarmente insieme, tornerà loro in mente nel momento in cui lei chiederà che nome vogliono dare alla loro "casa". La Maison Shalom è una canzoncina che abita i sogni dei bambini.

Capitolo 6
LA PAROLA SPEZZATA

«All'inizio credi che sia per una settimana, che quella follia sia la follia di un momento. Poi i cooperanti vanno via e progressivamente la follia si radica. Hanno continuato a uccidere. Non si sapeva più quali erano gli amici e quali i nemici. Non si riusciva più a fidarsi di nessuno, e anch'io diffidavo di tutti. Non sopportavano il mio linguaggio né i miei bambini. Anche gli hutu mi serbavano rancore. Erano arrivati al punto di credere che nascondessi i bambini per farli massacrare. Mi sentivo tradita da tutti. Molte cose si sono cancellate dalla mia memoria. Abbiamo visto cose orribili, che un essere umano non può immaginare. Se non avessi avuto la fede, la preghiera e la fiducia nel futuro, in quel periodo mi sarei suicidata, per il disgusto di appartenere a quel popolo. Ho visto troppi corpi mutilati, troppe sofferenze.»

Maggy si occupa dei suoi bambini mentre continua a lavorare al BDD, presso il vescovado. Vi incontra sistematicamente i rappresentanti ufficiali venuti a rendere visita al vescovo e non può fare a meno di parlare. È così che un importante funzionario dell'ambasciata belga e il nunzio apostolico vengono tenuti al corrente di ciò che succede a Ruyigi, dei massacri che si sono verificati in ottobre ma anche dell'azione da lei condotta a favore degli orfani. Mandano degli aiuti e, ogni volta che Christoph e Traudl passano da Bujumbura, caricano in macchina piccole scorte di cibo o di sapone per i bambini. Sempre più persone appoggiano l'opera di Maggy, ma aumenta anche il numero di coloro che si rivolgono a lei per un aiuto.

Di sera intorno a lei si ritrovano sempre in tanti. Le lingue si sciolgono. Ognuno si informa sulle ultime notizie politiche, sui movimenti della popolazione, sui regolamenti di conti della notte prima. Il rincorrersi delle voci può avere effetti disastrosi o benefici. Quando succede qualcosa di grave, Maggy si reca sul posto, accompagnata da Christoph e Traudl. Sa sempre dove vanno gli ufficiali, così va ad ascoltarli per sapere cosa raccontano alla popolazione. «In macchina,» racconta Christoph «Maggy a volte parlava degli avvenimenti del 1972 e ci faceva vedere dove si trovavano le fosse comuni. Era l'unica. Siamo rimasti molto stupiti da questa sorta di amnesia generale. Come se l'epoca dei massacri fosse stata un tempo a parte, vissuto da altri. Per Maggy, che non si era costruita una famiglia, era più facile esprimersi. Quelli che avevano cercato di parlare ne avevano immediatamente subito le conseguenze. Uno dei nostri colleghi, incaricato di verificare che la distribuzione degli alimenti fosse equa, aveva denunciato la mancanza di cibo su alcune colline. I suoi bambini erano stati minacciati.»

Con l'arrivo di Christoph e Traudl, per Maggy arriva il tempo della presa di coscienza. «Prima, era come se non avessi avuto il tempo di soffrire, di fare attenzione alle frasi che dicevano alle mie spalle o ai bambini, alle minacce di morte. Eppure sono queste le cose che mi hanno colpita di più. Da quando ho potuto appoggiarmi un po' a persone come Christoph e Traudl, ho cominciato a soffocare, fisicamente. Ogni volta che cercavo di parlare, soffocavo. Pensavo che fosse asma, ma quando sono andata dal medico mi ha detto che non era così.»

Per un mese, Maggy soffoca, fino al punto di non poter pronunciare una sola parola. Disperata, lascia i bambini a Chloé e sceglie di ritirarsi nel convento delle carmelitane a Musongati, a trenta chilometri da Ruyigi.

«Non potevo più gridare né parlare. Non esistono parole per descriverlo. Ero a pezzi, il mio corpo di donna mi disgustava. Vedevo nel mio corpo tutte le donne violentate. Non capivo più niente. Facevo incubi terribili. Vedevo il mio popolo che si suicidava come se fosse una sola, unica persona e stavo male. Molto male.

Ho pensato al mito di Sisifo. Mi sembrava di aver intrapreso un compito più grande di me, al di sopra delle mie forze. Non sapevo più per quale speranza avevo osato radunare tutti quei bambini, non vedevo più una via d'uscita. Ero furiosa. Ho riletto il Libro di Giobbe: "Il Signore dà, il Signore toglie". Nel caso di una catastrofe naturale potevo capirlo, ma non ammettevo che la mano di Dio potesse manifestarsi attraverso la cattiveria degli uomini, gli uni verso gli altri. Come si fa a dire a un bambino di andare a scuola, quando per strada incontra l'assassino dei suoi genitori? Che futuro gli si può offrire?»

In convento, Maggy dubita e si trova di fronte a se stessa con quel silenzio, unica espressione della sua ribellione. Legge i Salmi, prega e misura l'ampiezza della sua stessa violenza. Un po' per volta la vita riaffluisce più forte in lei. La sua voce ritorna. Riesce a cantare, un salmo dopo l'altro, e decide di rimettersi modestamente al lavoro.

«Ho progressivamente accettato di non riuscire a comprendere la parte mostruosa e distruttrice dell'essere umano. Ho capito che non ero all'altezza di quella lotta. È stata un'esperienza terribile ma anche una grandissima lezione di umiltà, di cui del resto avevo bisogno. C'era dell'arroganza, da parte mia, nell'immaginare che avrei potuto risolvere tutto da sola.

Avevo bisogno di riflettere sul senso della mia vita, e ho sentito che dipendeva solo da me decidere di andare avanti. Anche queste esperienze interiori drammatiche, ci costruiscono. Sprofondare, non aspettare niente dalla vita, provare una simile rabbia mi ha permesso di trovare un'altra forma di speranza, più semplice, meno fittizia, più sincera. Ho ritrovato il gusto per la bellezza della vita. Dio è sempre puntuale, mai in anticipo, mai in ritardo. Allora ho capito che era opera sua. A poco a poco ho percepito di nuovo la sua vicinanza. Mi sono sentita aiutata a compiere quelle migliaia di gesti insignificanti ma essenziali che fanno la vita di una mamma e da cui dipende quella dei suoi bambini. Ho imparato a ricevere per meglio dare. Per ogni bambino che arrivava, chiedevo a Dio di mostrarmi come allevarlo, di ispirarmi le parole giuste.

La disperazione arriva quando si conta solo sulle proprie forze. È un privilegio sentire questa presenza, non c'è più posto per l'amarezza.» Forte di questa esperienza, Maggy torna a Ruyigi più impegnata che mai. Le piace citare una frase di san Paolo, che acquista, vista la sua storia, un senso particolarmente profondo: «O morte, dov'è la tua vittoria?».

La situazione del Paese peggiora. A poco a poco lo spazio di dialogo tra le due etnie si riduce. Quelli che, ancora fino a ieri, frequentavano il loro vicino ora se ne allontanano. La buona volontà si scontra con una realtà incomprensibile. Le porte si chiudono. I quartieri della città, i luoghi pubblici, persino la marca di birra che si consuma, tutto acquista una connotazione etnica. La ragione perde terreno.

La comunità internazionale, sconcertata dall'entità dei massacri di ottobre e dal disordine che ne segue, rimpatria la maggior parte dei suoi rappresentanti. Nessuno straniero è stato ucciso, ma i programmi di cooperazione ne risentono. Sul posto restano solo i missionari e i volontari delle organizzazioni caritative e delle ONG impegnate nel lavoro d'emergenza o nella difesa dei diritti dell'uomo, che si sforzano di fare pressione per ottenere che i colpevoli vengano giudicati. A Ruyigi ribattono che nessuno ha sporto denuncia. Maggy ricorda di aver sentito una versione ufficiale dei massacri che esaltava la legittima difesa.

Ma un parlamentare residente a Bujumbura finisce per decidersi. Sua moglie e suo figlio sono morti il 24 ottobre al vescovado. L'uomo sporge denuncia. Il procuratore avvia quindi un'inchiesta che servirà a preparare l'istruzione del processo, che si terrà presso il tribunale di Gitega, competente per quel tipo di crimini. Quando, nel febbraio del 1994, Maggy si reca al distaccamento di Ruyigi per depositare la propria testimonianza, incrocia sguardi pieni di odio, lo stesso odio che ha sperimentato con tanta violenza la sera dei massacri, mentre si dirigeva con i bambini verso la casa di Martin. La sua deposizione porterà a due arresti. «Hanno fatto finta di arrestare due persone, tra cui il marito di mia cugina. Pensavano che non avrei detto niente, che non avrei osato denunciare nessuno.»

Quattro mesi dopo, nel giugno del 1994, al tribunale di Gitega, Maggy si fa avanti sola alla sbarra dei testimoni. Tra tutti i volti che la osservano, riconosce alcuni testimoni che non osano parlare e alcuni degli assassini, tutti quelli che non sono seduti al banco degli accusati e vorrebbero farla tacere per sempre. Sa bene di rischiare la vita, rivelando la verità. Per questo motivo ha fatto testamento proprio prima di partire. Il suo entourage ha cercato in tutti i modi di dissuaderla dal testimoniare, ma lei non ha ceduto, anche se non si fa nessuna illusione sullo svolgimento e sulla conclusione del processo. Un solo uomo è seduto al banco degli accusati, perché il marito di sua cugina è stato esiliato in Ruanda. Gli altri hanno lasciato la città o vi circolano liberamente.

In tribunale, Maggy racconta, identifica gli assassini uno dopo l'altro, compresi quelli che appartengono alla sua famiglia. Una volta di più rompe con la tradizione, che impone di non tradire mai il proprio clan. «Sono semplicemente riuscita a dire chi aveva fatto cosa. C'era solo un assassino sul banco degli accusati, ma tanti altri erano nell'aula. Mi sono girata verso di loro e ho chiesto di riconoscere i fatti e di venire a chiedere scusa ai bambini.»

Di ritorno a Ruyigi, Maggy è attesa davanti alla porta di casa. «Mi hanno tirato pietre, mi hanno dato dell'assassina. Ho visto persone rallegrarsi e festeggiare credendo che stessi per esiliarmi. Mi sono rifiutata di lasciarmi impressionare.»

Maggy parla con loro: «Smettetela di peggiorare il male, non ce l'ho con voi. Non potete negare che siano morte delle persone. Niente potrà farle tornare. Ma c'è una cosa che potete fare per la vostra vita, per i bambini, per il Paese: è chiedere perdono».

Li porta fino alle sepolture. «Volevo almeno che restituissero ai bambini ciò che avevano rubato alle loro famiglie: abiti, *pagne*. Ci volevano dei gesti semplici per andare verso la riconciliazione. Hanno finito per restituire alcune cose, anche se è avvenuto in modo più o meno indiretto.»

L'ideale di Maggy non tollera alcun compromesso. In seguito al processo, a Ruyigi si svolge una manifestazione che chiede la liberazione dell'accusato. Su alcuni cartelli si può leggere: «Non è l'unico ad aver ucciso, bisogna liberarlo come gli altri». Strano senso della giustizia. La tensione intorno alla Maison Shalom cresce al punto che il comandante di distretto manda i suoi uomini a proteggerla. Quella sera, Maggy va a dormire in chiesa con i bambini. Ma il giorno dopo i militari se ne vanno. La neutralità è un punto fondamentale. «Tutti i miei amici volevano che partissi ma io sono rimasta, per provare loro che c'era una possibilità. Facevo parte di quelli che bisognava uccidere, ma non sono loro che decidono. Quando sarà arrivato il momento, la responsabilità non sarà loro. Ho osato perché sentivo che poggiavo su una roccia.»

Secondo Christoph e Traudl, il processo di Gitega è una commedia in cui la testimonianza di Maggy non viene presa in considerazione. Eppure le sue parole sono fondamentali. La sua presa di posizione chiara e determinata rimanda ciascuno alla propria coscienza e alla sua parte di coraggio o di vigliaccheria. In seguito al processo, Maggy diventa un personaggio pubblico. «Prima veniva percepita come una persona un po' speciale» spiega Christoph. «Non capivano quella donna di trentacinque anni, né sposata né religiosa, che viveva sulle colline e non aveva approfittato dei suoi lunghi soggiorni in Europa per trovarsi un marito e vivere all'occidentale. Per qualcuno era quasi una forma di stupidità.» Da quel momento, Maggy rappresenta la forza di un altro futuro, una vera e propria eroina per gli uni, una donna da abbattere per gli altri. «Come tutsi, ho fatto un gesto che tutti hanno qualificato come tradimento. Mi hanno dato della scellerata per aver testimoniato contro un membro della mia famiglia. Ciò che mi importava non era condannare ma cercare di mostrare loro che un assassino non può uscirne a testa alta. Questa arroganza è distruttiva e autodistruttiva per tutti coloro che sprofondano nella menzogna. Non è mai troppo tardi per rimettersi in discussione.» Da allora Maggy non lascia nessuno indifferente, perché al suo desiderio di giustizia si aggiunge la follia di ridare all'assassino la dignità che gli spetta in quanto uomo. «Per quanto riguarda gli assassini, sogno che piano piano cedano alla forza dell'amore, che è superiore a tutto. Ciascuno di loro, compreso il marito di mia cugina. Se questo libro dovesse essere letto da una sola persona, vorrei che quella persona fosse lui.»

All'inizio del 1994, si tratta di un sogno lontano, di una vera e propria utopia, tanto l'odio e la violenza sono presenti a tutti i livelli della società.

I burundesi che hanno i mezzi per farlo lasciano il Paese e si rifugiano in Sudafrica, in Belgio, in Germania, in Francia, in Svezia, in Canada o negli Stati Uniti. Tutto dipende dalle affinità del Paese ospitante con la tale etnia o il tale partito politico. Molti giovani scompaiono senza preavviso; gli hutu fuggono verso il Ruanda in cerca di sicurezza: alcuni di loro saranno coinvolti nel genocidio ruandese. Diversi tutsi entrano clandestinamente in Uganda e si arruolano nel FPR (Fronte Patriottico Ruandese), un partito proibito in Ruanda che cerca ancora di negoziare con il potere in carica per impedire lo sterminio sistematico di quelli che vengono ormai soprannominati gli "scarafaggi".

Inutilmente. A partire da gennaio, un imponente piano che coinvolge tutta la popolazione ruandese è stato diffuso presso i responsabili dei comuni per informarli del loro compito. Sono apparsi elenchi di tutsi. Salgono i toni, le radio riversano valanghe di odio, si verificano già sporadiche esecuzioni. Il 6 aprile 1994, il presidente ruandese e quello burundese vengono assassinati mentre si trovano a bordo dello stesso aereo. In Ruanda, l'attentato segna l'inizio del genocidio dei tutsi per mano degli hutu. Malgrado alcuni tentativi di resistenza, nessuna provincia viene risparmiata.

Christoph e Traudl avvisano Maggy in piena notte del duplice attentato. «Eravamo sconvolti» racconta Maggy. «Per noi era l'ottobre che ricominciava. Avevamo paura, era terribile. Siamo rimasti rintanati nelle case. Ci sentivamo abbandonati. Molti tutsi hanno gioito per la morte dei due presidenti, soprattutto di quella del ruandese Habyarimana, perché era noto per il suo razzismo verso i tutsi. Ma tutte quelle persone non potevano immaginare fino a che punto i tutsi del Ruanda avrebbero sofferto. Non si poteva immaginare l'ampiezza del genocidio. Ero molto preoccupata per il sostentamento dei miei bambini e per tutti quelli che avevano bisogno d'aiuto intorno a me. Credo che il genocidio ci abbia completamente soverchiati. Era un altro orrore che si aggiungeva al nostro. Il trauma era molto recente. Avevamo perso tutti i nostri riferimenti. Il genocidio ha accentuato un certo ripiegamento su noi stessi e la diffidenza tra le due comunità. È umano.»

Il comitato provinciale si rafforza, ogni sera vengono organizzate riunioni per calmare gli animi. «Pensavamo prima di tutto al nostro popolo burundese. Pochissimi superstiti del genocidio sono riusciti a passare la frontiera. In seguito, ho ospitato dei bambini del Ruanda che venivano da un orfanotrofio evacuato dalla Croce Rossa. Dire di no in quel periodo voleva dire mandare qualcuno alla morte.»

Per Christoph, «lavorare con lei era un inferno, non solo non poteva respingere nessuno che si trovasse nella miseria, ma non pianificava mai niente». A poco a poco le arrivano da ogni parte bambini malati e terrorizzati. L'ospedale di Ruyigi le porta sistematicamente i neonati delle madri morte di parto.

La casa di Martin diventa troppo piccola per accogliere tutti. Maggy, Christoph, don Thaddée e il vescovo riflettono insieme sul futuro dei bambini. Pensano al vecchio istituto tecnico abbandonato da ottobre. Il posto è abbastanza grande da accoglierli, ma bisognerebbe sistemarlo. «In seguito ai massacri e ai saccheggi, c'erano macchie di sangue sui muri. Sulla lavagna si poteva ancora leggere ciò che restava di una lezione. Non c'erano più né sedie né tavoli, solo libri e quaderni strappati sul pavimento.»

La Caritas belga e la cooperazione tedesca concedono dei fondi per sistemare e attrezzare il complesso, che non ha più né porte né finestre. Della decina di edifici che compongono la vecchia scuola, in un primo tempo ne vengono riabilitati due. È così che nasce la Maison Shalom. Shalom, non Amahoro, che vuol dire "pace" in kirundi. I bambini si ricordavano di aver sentito quella parola uscire dalle labbra degli assassini.

Capitolo 7
"UNA SANTA ALL'INFERNO"

Con la Maison Shalom, Maggy trova un senso alla sua vita. «Sono proprio i bambini che hanno costruito lo spirito della Maison Shalom. Non so come facciano gli adulti a perdere fino a questo punto il contatto con la propria infanzia. In quel periodo dell'esistenza, i bambini hanno una specie di buonsenso. Ai loro occhi, l'etnia non ha alcun significato, ciò che conta è sapere chi ti nutre e soprattutto chi ti protegge. Durante la guerra, un bambino soffre doppiamente: per le aggressioni che subisce, ma anche perché gli viene rubata l'infanzia, e con quella l'avvenire. È questo che lo rende così vulnerabile. In quanto adulti abbiamo il dovere di alleviare i suoi traumi, di assicurare il suo sostentamento e di aprire il suo cuore per colmarlo d'amore. Tutti i miei bambini mi hanno impressionato per la loro capacità di ricevere. Mi sono lasciata guidare da loro.»

Da loro e da un uomo che, in quello stesso 1994, pronuncia un discorso folgorante nel corso della sua investitura alla presidenza della Repubblica Sudafricana: Nelson Mandela, un modello per Maggy.

«La nostra paura più profonda non è di non essere all'altezza. La nostra paura più profonda è di essere potenti oltre ogni limite. È la nostra luce e non la nostra oscurità che ci spaventa di più. Ci chiediamo: chi sono io, per essere brillante, radioso, pieno di talento e meraviglioso? In realtà, chi siete voi per non esserlo?

Volare basso non serve a niente. Ritirarsi davanti agli altri perché non si sentano minacciati non è la dimostrazione di un atteggiamento illuminato. Siamo tutti destinati a brillare come i bambini. Siamo nati per manifestare la gloria di Dio che è in noi. Non è il destino di alcuni tra noi, è il destino di ognuno di noi. E quando lasciamo che la nostra luce brilli, senza esserne coscienti diamo agli altri la possibilità di fare la stessa cosa. Quando siamo liberi dalla nostra paura, la nostra presenza libera automaticamente gli altri.»

Un programma al quale Maggy aderisce totalmente. «Dio ci dona energia a sufficienza, non dobbiamo accontentarci della mediocrità. L'uomo è capace di sorprendere, l'uomo è capace di speranza.»

Quando lascia la casa di Martin, il 12 maggio 1994, Maggy viene accompagnata da più di sessanta sopravvissuti delle tre etnie, hutu, tutsi e twa. «Non so come abbiamo fatto. Ci aiutavamo a vicenda. Tutti quelli che erano con me prima della guerra e avevano l'età per dare un aiuto lo hanno fatto. Andavamo ad attingere l'acqua… Ci arrangiavamo.»

«Certo, nessuno riceveva uno stipendio,» precisa Christoph, «ma in quel periodo non significava niente. Avere un tetto sulla testa e del cibo equivaleva a una retribuzione, tanto la vita era disorganizzata e caotica.» Qualsiasi persona di buona volontà è la benvenuta, a patto che sia in accordo con lo spirito della Maison Shalom. Qui non si fanno distinzioni etniche o di altro tipo, questa è l'unica regola. Un'educatrice tutsi verrà congedata immediatamente per essersi rifiutata di occuparsi dei bambini hutu. In un primo tempo sono soprattutto le donne ad aiutarla. Maggy cerca di rimediare alla mancanza di punti di riferimento maschili ingaggiando uomini.

«Nel 1994 a volte si contavano a centinaia le persone nel cortile che aspettavano cibo e aiuto. Bisogna immaginarsele strette le une alle altre. Tutti i giorni. Non finiva mai. E noi le abbiamo nutrite.» Dall'estate del 1994 cominciano infatti ad arrivare i primi aiuti. «Nel momento in cui tutto era così grave, così terribile, gli aiuti sono arrivati e in questo ho visto il segno che non dovevo perdere la speranza.» Segni che arriveranno ogni volta che comincerà a dubitare. «Per esempio durante l'embargo, nel 1997, nel momento in cui ho finito l'ultima confezione di latte, è arrivato un container. Ed è stato sempre così.»

I suoi amici la sostengono dall'Europa. Senza quei contatti, Maggy probabilmente non avrebbe osato avviare la Maison Shalom. Poi è la Chiesa a offrire assistenza. Il Soccorso Cattolico francese manda un primo veicolo. La Caritas belga e quella tedesca si sono già fatte vive e hanno garantito la sopravvivenza e il funzionamento della Maison Shalom per tre anni. Un reportage trasmesso alla televisione belga nel gennaio 1994 le ha aperto alcune porte. Firma un primo accordo con il Programma Alimentare Mondiale. Infine altre ONG, come l'Unicef, raccolgono il testimone.

Il genocidio ruandese ha provocato dal giugno 1994 un esodo di massa della popolazione verso la Tanzania, il Burundi e in particolare lo Zaire. Due milioni di persone nei campi di Bukavu e Goma sono colpite dal colera, che fa decine di migliaia di vittime. I burundesi, che nell'ottobre 1993 si sono rifugiati in Ruanda, si vedono costretti a tornare nel loro Paese. Le montagne del Nord e le pianure dell'Ovest, al confine con lo Zaire, vengono sconvolte da ricorrenti massacri interetnici.

Il Burundi sprofonda nel caos. Maggy continua il suo lavoro con i bambini alla Maison Shalom, cercando di portare sollievo a chiunque si presenti. «Poiché condividono gli stessi dolori, i bambini hanno diritto agli stessi favori.»

Maggy ha sempre rifiutato di chiamare orfanotrofio la Maison Shalom. Più che una casa, per ciascuno dei bambini che passano di lì, è un trampolino verso un altro luogo, una famiglia, un avvenire.

Convinta che «la famiglia sia il miglior terreno dove un bambino può crescere», ogni volta che arriva un nuovo piccolo ospite, Maggy cerca di capire la sua storia, le sue radici, e percorre il Paese per trovare una nonna, una zia, un cugino che possa accoglierlo. «Un "torno al centro d'accoglienza" non varrà mai un "torno a casa". Un centro vale solo come luogo di passaggio. Crescervi, nel vero senso della parola, è impossibile.» Creare un legame, ricostruire una famiglia, un focolare dove ognuno possa evolvere in completa sicurezza e diventare se stesso, è una delle principali preoccupazioni di Maggy. Inizialmente fa ricerche da sola, mandando le fotografie dei bambini alle parrocchie o portandoli con sé dappertutto, a messa, al mercato, nella speranza che qualcuno li riconosca. Un giorno, mentre sta andando all'ospedale con una bambina sulla schiena, una mamma si precipita verso di lei. Ha riconosciuto sua figlia. Maggy l'aveva chiamata Espérance (Speranza). La madre le ha lasciato quel nome.

Una volta comprovato il legame, il bambino viene progressivamente reinserito nella sua famiglia dopo diverse visite alla sua collina natale. Il riavvicinamento può durare mesi se non addirittura anni. «Restituire un bambino al suo villaggio, per me non è come consegnare un cesto! Prima di sistemare il bambino a casa sua, lo accompagniamo per diverse permanenze di breve durata. Incontriamo la polizia, il direttore della scuola, gli insegnanti, il parroco, il pastore o l'imam e l'amministratore comunale perché venga registrato il suo stato civile. Il coinvolgimento del villaggio protegge il bambino da genitori che potrebbero avere cattive intenzioni e voler solo trarre vantaggio dalla situazione.» Spinta alla disonestà dalla miseria, capita che la famiglia d'accoglienza usi per altri scopi il denaro assegnatole per allevare il bambino che viene dalla Maison Shalom, o che altri membri della famiglia siano gelosi di lui. Per questo, quando la Maison Shalom incontra una famiglia, dà una mano agli altri bambini della casa o a qualsiasi suo membro che abbia bisogno di aiuto. «Partecipiamo alle spese scolastiche o aiutiamo la famiglia nel miglioramento della casa. Se uno dei membri è malato, noi ce ne occupiamo o, se c'è una vedova vittima di un'ingiustizia, la difendiamo.» Una volta restituito ai suoi, il bambino non perde i contatti con la Maison Shalom, alla quale la famiglia rimane legata. Per Maggy, il bambino diventa una luce che può diffondersi in ogni direzione. Per la Maison Shalom è anche un modo di misurare i bisogni di questa o quella regione e di trovare risposte adeguate. Dei primi venticinque bambini che Maggy ha raccolto nell'ottobre 1993, nove verranno reinseriti nei mesi successivi.

Questo desiderio di offrire un focolare domestico riguarda ogni bambino, compresi quelli che non hanno più nessun parente. Per loro, Maggy creerà nel corso degli anni nuove cellule familiari, in cui i più grandi si occuperanno dei più piccoli.

Il bambino che cresce all'interno della Maison Shalom non è diviso né dal suo passato, né dal suo ambiente d'origine, né dai suoi, chiunque essi siano. Anche se, per proteggerlo, a volte bisogna arrivare a separarlo per un po'.

È il caso del bambino che a quattro anni ha già trascorso più di sei mesi in carcere con suo padre, un hutu. L'uomo è in prigione per aver ucciso una tutsi che altri non era che sua moglie. Maggy ha fatto liberare il bambino. «Era un caso estremo, ma è ben lungi dall'essere l'unico. Ci vuole molta tenerezza per regalare a quel bambino un'apertura nei confronti della vita. Ebbene, ho visto come è stato capace di riceverla, di accoglierla. I figli degli assassini portano il peso della colpevolezza dei loro genitori e bisogna fare tutto un lavoro perché se ne liberino. Non devono portare quel peso, così come non devono subire la vendetta delle vittime. Bisogna rompere le leggi di questa storia che ci imprigiona nell'odio.»

E in quel 1994, l'odio è più che mai tenace. La stampa burundese continua a incitare all'omicidio e a riferire delle violenze degli estremisti hutu che seminano il terrore negli accampamenti dei tutsi. Riguardo alle repressioni che ne seguono è più discreta. I giovani tutsi estremisti si sono infatti costituiti in una milizia armata, i "sans échec"[1]. La loro missione dichiarata: contribuire a rimettere ordine nel Paese. In realtà, seminano il terrore e moltiplicano le uccisioni. Uccisioni molto mirate, che a volte vengono commissionate direttamente dalla radio. A Bujumbura, i processi si susseguono ma i "sans échec" fanno pressione sui testimoni e li costringono al silenzio. A volte definitivamente. Anche Maggy verrà presa di mira.

Dal febbraio del 1994, i profughi sistemati nel centro di Ruyigi sono stati progressivamente trasferiti verso luoghi più vicini al loro domicilio d'origine. A Butezi è stato allestito un campo per centinaia di persone proprio di fianco al centro sanitario del dottor Paolo. Nel 1975, questo chirurgo italiano ha volontariamente scelto la regione più diseredata del Burundi e vi si è stabilito. Secondo Maggy, «il suo centro per lo sviluppo sociale era un modello nel suo genere, molto

1 Gli "imbattibili" [*N.d.T.*].

più avanzato di quello di Ruyigi». Nonostante i massacri, il dottor Paolo è rimasto sul posto. Sarà lui a curare Aline al suo ritorno da Bujumbura. «La ferita al viso non si era richiusa. Per dormire doveva mettersi una specie di casco che avevamo costruito alla bell'e meglio perché non toccasse le lenzuola. È stata tanto coraggiosa, non si è mai lamentata: bisognava cambiarle le bende tutti i giorni.»

Nel febbraio del 1995, la Maison Shalom si vede affidare da parte dei volontari italiani un lotto di casette circondate da un grande parco sulle colline di Butezi, vicino al centro del dottor Paolo. In onore degli italiani, Maggy battezza il luogo "Casa della Pace". Vi si stabiliscono circa trenta bambini, tra cui Aline e Gloriose con sua figlia. A Ruyigi sono forse un centinaio. Maggy ha smesso di tenere il conto: i numeri cambiano continuamente, tra i bambini che arrivano, quelli che vengono reinseriti e i bambini di strada che hanno molte difficoltà a stabilizzarsi. La guerra ha infatti generato una popolazione sempre crescente di bambini senza fissa dimora, che Maggy accoglie allo stesso titolo degli altri.

A Bujumbura i toni continuano a salire. Gli omicidi mirati commessi dalle bande armate vengono affiancati da operazioni militari con cui si dà la caccia agli oppositori hutu che cercano di organizzare la ribellione. Gli osservatori per i diritti umani denunciano uccisioni di donne e bambini nei quartieri. Nel marzo del 1995, i belgi, gli italiani e i tedeschi fanno evacuare i propri connazionali. I quartieri della città si etnicizzano, è una vera e propria balcanizzazione. Poi gli hutu fuggono in massa dalla capitale. Si rimprovera il governo di aver trasformato Bujumbura in un ghetto tutsi circondato da una cintura di sicurezza. La ribellione hutu si struttura e si impone come un nuovo contropotere con cui il governo è costretto a negoziare.

Intanto i massacri continuano. Non passa giorno senza che si venga a sapere della morte di qualcuno. Nel giugno del 1995, tre giornalisti vengono uccisi sulla strada a nord di Bujumbura. Il 12 dello stesso mese, circa quaranta studenti hutu vengono assassinati nelle loro camere da giovani tutsi della milizia dei "sans échec". Mentre tremila studenti tutsi proseguono i corsi universitari, ottocento studenti hutu abbandonano gli studi. Molti sono ormai decisi a combattere. Raggiungono i Paesi confinanti, tra cui la Tanzania, dove i ribelli hanno stabilito le loro basi di ripiegamento. Chloé ottiene una borsa di studio, lascia il Burundi e parte per l'Italia.

È più di un anno che i profughi vivono in condizioni estremamente difficili, senza la minima prospettiva di ritorno a casa. Negli accampamenti capita loro di convivere con fratelli profughi dal 1972. Alcuni uomini, ma soprattutto donne e bambini, scelgono di rientrare clandestinamente in Burundi. Gisuru, a cinquanta chilometri dalla pista di Ruyigi, è un posto di confine situato alla frontiera con la Tanzania. Qui, un centro allestito da Traudl accoglie i profughi spossati, tra cui molte donne e bambini. Davanti a tanta miseria, l'équipe del BDD decide di aprire un centro per alloggiarli sul posto. Nel primo edificio si trovano i dormitori, nell'altro ambulatori medici e una sala parto. Dai quaranta ai sessantacinque bambini orfani vi risiederanno fino al 2003. L'Oasis de la Paix (Oasi della Pace) è il terzo centro della Maison Shalom.

Novembre 1995. Secondo Amnesty International, ogni mese muoiono circa mille persone, in scontri o assassinate a sangue freddo. Non è raro vedere dei cadaveri per le strade di Bujumbura. Come ogni cultura tradizionale, quella del Burundi impone che ci si occupi dei morti; ma i corpi restano abbandonati ai lati della strada. In piena guerra civile, la gente ha paura di farsi carico di questi morti non identificati. Forse quello lì sta solo facendo finta per aggredirvi meglio, e quell'altro, Dio solo sa se non lo ha ucciso la polizia stessa! Un giorno Maggy si ferma davanti a un corpo, lo copre con il suo *pagne* e si rivolge alla popolazione, incurante di rischiare la vita. Christoph, che era presente, può testimoniarlo: «All'inizio nessuno le ha risposto, poi qualcuno ha finito per avvicinarsi e c'è stata una discussione per identificare la vittima. In Burundi, se ti rifiuti di occuparti di un morto, questo è maledetto e la sua anima è condannata a vagare. Tutte le scuse per preservare la propria sicurezza, a Maggy, sembravano inaccettabili. Era molto colpita da questa trascuratezza nei confronti dei morti. L'ho sempre vista attribuire un'attenzione particolare al rispetto del lutto».

Un'altra volta, mentre Christoph, Traudl e Maggy sono in macchina nei pressi di Bujumbura, vengono fermati a un incrocio. Un uomo apre la portiera e prende la borsa di Christoph. Maggy si lancia all'inseguimento. Incapace di raggiungerlo, lo apostrofa senza smettere di correre e gli chiede di lasciare i documenti. Finirà per riportare indietro il prezioso passaporto. «Ogni volta che io e Traudl ricordiamo questo episodio» dice Christoph, «siamo divisi tra la vergogna per essere rimasti fermi in macchina, l'ammirazione per il coraggio di Maggy e la comicità della situazione, con la nostra Maggy che corre per i campi con i tacchi. Con lei ci abbiamo riso sopra come matti!»

In seguito, il moltiplicarsi di episodi di questo genere la indurrà alla prudenza. L'interesse dei bambini viene prima di tutto. Pensare a cosa succederebbe loro se venisse uccisa calma la sua impetuosità. Conserva il suo ideale ma impara a valutare il pericolo.

A partire dal 1995, la ribellione hutu è organizzata: le fazioni isolate si raggruppano. Uomini e donne di ogni ambiente sociale si impegnano a difendere la propria esistenza minacciata nella società. Anche i bambini verranno arruolati con la forza. «Venivano portati via contro la loro volontà. Alcuni avevano solo cinque anni. I più piccoli venivano usati per lavori subalterni o come spie. Credevano ai discorsi del capo perché non avevano altra scelta. Si dava loro un'arma e contemporaneamente di che mangiare. A poco a poco avevano l'illusione di poter diventare uomini. Non c'è droga peggiore del lavaggio del cervello» racconta Maggy. Alcuni di loro scappano e ricevono il suo aiuto.

Il giornalista Andreas Lönn ha riportato, per il World's Children's Prize for the Rights of the Child, il caso tipico di un ragazzino di dodici anni arruolato con i suoi compagni mentre era a scuola. Di giorno i ribelli si riposano o combattono contro l'esercito. Di notte saccheggiano i villaggi. Per giorni e giorni il bambino vive questa vita caotica e brutale in uno stato di terrore continuo. È incaricato del rifornimento dell'acqua e della legna. Gli altri per la maggior parte portano le munizioni. Uno dei suoi compagni ha cercato di dileguarsi. Gli uomini lo hanno ripreso e picchiato selvaggiamente. Eppure, dopo tre settimane, si presenta l'occasione di fuggire. Il ragazzino è andato a cercare l'acqua con due compagni e nessun adulto li ha accompagnati per sorvegliarli. Il bambino scappa a gambe levate. Ritrova la sua collina, la sua famiglia. A forza di camminare ha i piedi gravemente feriti e ogni notte fa incubi terrificanti. Maggy curerà i suoi piedi e il suo cuore.

Oltre agli orrori generati dai conflitti, Maggy deve far fronte a un flagello temibile quanto la guerra: l'AIDS. Di natura piuttosto pudica, la società burundese lo è in modo particolare riguardo a questa malattia. Bisogna aspettare il 1994 perché si sciolgano le prime lingue. Una domenica di quell'anno, una donna di Bujumbura ha preso la parola nel bel mezzo della cattedrale. È una farmacista appena uscita dall'ospedale, dove ha perso il marito e il figlio. Di fronte alla predica accusatrice del prete che denuncia tra i fedeli le persone infettate dall'HIV, si alza per respingere quel discorso di vergogna e di colpa. Davanti alla gente lì riunita, dichiara pubblicamente la sua condizione e afferma in modo chiaro e netto il diritto alla dignità per coloro che ne sono colpiti. «Noi che viviamo con l'AIDS non siamo né morti né morti viventi, siamo vivi.» La sua parola coraggiosa aprirà progressivamente la strada ad altre voci. Ma il Paese è dolorosamente privo di informazione e sono ancora pochi quelli che accettano di diffonderla. Per di più, le condizioni sanitarie del Burundi non facilitano le prese di coscienza. Eppure la cosa riguarda tutti: non c'è famiglia cui sia risparmiata la morte di un parente o di un amico.

Maggy, che ha ricevuto un'educazione cattolica tradizionale, non osa ancora affrontare l'argomento. Ruyigi è lontana dalla capitale e lei è convinta che questa malattia "delle città" non invaderà la sua borgata di provincia. Quando, nel 1995, Igor, un piccolo ospite della Maison Shalom, muore di AIDS a cinque anni, per lei è un vero e proprio shock. Il bambino, che le era stato affidato dalla madre, sapeva di essere condannato. «Non voleva morire. Mi chiedeva continuamente: "Credi che morirò presto?". Se sentiva che alla radio c'era una trasmissione sull'AIDS, andava ad ascoltarla. Verso la fine, non voleva più dormire. Voleva restare vicino a me, credeva che avessi il potere di guarirlo. È morto mentre parlava. Mi ha detto: "Non mettermi sul letto, prendimi in spalla. Pensi che sto per morire?". Me lo sono caricato sulla schiena e poi, all'improvviso, ho sentito che se n'era andato. Ho preso il suo corpo tra le mie braccia, era terribile per me, non ce l'ho fatta a lavarlo. Sono andata dalle carmelitane per una settimana, durante la quale l'ho sognato spesso. Igor mi ha fatto una specie di segno, mi ha come strizzato l'occhio. Eravamo nel pieno della guerra, c'erano tutti quei combattimenti, ma nessuno aveva misurato l'entità della malattia. La morte di Igor mi ha chiamata in causa. Da quel momento ho capito che bisognava armarsi contro un nuovo nemico.»

I numerosi decessi di bambini, la morte di parto delle donne sieropositive, il degrado fisico dei malati sono altrettanti fattori che la spingono ad agire. La cosa più urgente è lottare contro la discriminazione di cui soffrono i malati, per difendere la loro dignità e incoraggiarli a lottare. Compito difficile, in un Paese per la maggioranza cristiano, in cui il manifestarsi della malattia svela l'intimità della vita privata. Ma davanti ai bambini, alle ragazze violentate o respinte dalla loro famiglia perché hanno "peccato", davanti allo smarrimento delle persone abbandonate a una solitudine degradante, Maggy impara a superare i suoi preconcetti religiosi. «Non sono qui per giudicare, sono qui per amare.»

Amare significa agire nonostante la mancanza di mezzi, e la prima azione, quando non si può fare nient'altro, consiste nell'accompagnare i bambini malati perché muoiano con dignità. «Ho sofferto, ho vissuto momenti d'angoscia. Mi ricordo di tre bambini che ho seppellito da sola con le educatrici, senza che ci fosse alcuna compassione attorno a noi: nessuno è venuto a condividere il nostro lutto.»

Maggy capisce presto che l'AIDS sta diventando il problema principale del Burundi. Tanto più che la malattia è stata usata deliberatamente come un'arma di guerra da soldati sieropositivi che hanno commesso ripetute violenze sulle donne. Ma come curare senza alcun mezzo? Gli ospedali sono degradati, i pochi medici che ancora esercitano sono pagati una miseria e lavorano in condizioni deplorevoli. È impossibile ottenere le medicine perché i prezzi sono proibitivi. Maggy è molto colpita dalla partenza di alcuni suoi amici privilegiati che hanno la possibilità di volare in Europa per accedere alle terapie, mentre la stragrande maggioranza della popolazione non può essere curata.

Alcune madri ammalate di AIDS si preparano a lasciare i loro bambini quando non saranno più in grado di occuparsene. Per evitare la separazione, la Maison Shalom aiuta le vedove più povere, fornisce *pagne* e vestiti, si fa carico delle cure, delle spese scolastiche e in parte del nutrimento della famiglia. «Non strappiamo i bambini alle loro madri con il pretesto che queste moriranno! Li lasciamo insieme e li circondiamo d'affetto il più a lungo possibile. Distribuiamo il latte perché le mamme non allattino più i bambini.» Tra loro ci sono alcune prostitute, con cui la Maison Shalom compie un lavoro di informazione. «Abbiamo lavorato per rafforzare la loro coscienza di madri perché smettano di diffondere la morte alla leggera. E poi dicevo loro: "Sii felice, mia cara sorella, una generosità senza gioia non esiste! Abbiamo ricevuto un corpo perché si rallegrasse, ma chi ti ha detto di vendere quel corpo meraviglioso, il tempio di Dio? Forza, ti cercherò un marito". E le facevo ridere, ridevamo insieme burlandoci di noi stesse, e così diventavamo amiche. Hanno molto da insegnarci. La maggior parte dei bambini della Maison Shalom sono "bastardi", "naturali" o "illegittimi", secondo le espressioni consacrate. Come se un bambino non fosse sempre naturale e legittimo! Un bambino è un bambino.»

Uno di loro, nato da un francese e da una burundese, è stato rinnegato dalla madre. Sua nonna lo ha preso sotto la sua protezione, ma lo ha allevato all'insaputa di tutti, nascondendolo sotto il suo letto. Il ragazzo ha più di dieci anni ma non sa ancora camminare, non ha mai imparato.

Un altro ha perso l'uso della parola. I suoi genitori sono stati bruciati vivi davanti a lui. Al suo fratellino hanno schiacciato la testa con un pestello in un mortaio. Com'è possibile anche solo sopravvivere, dopo?

Nel 1996, il massacro di Butezi segna una nuova tappa nell'orrore. Nel campo improvvisato accanto alla parrocchia, millecinquecento tutsi aspettano una tregua dall'ottobre 1994 per tornare alle proprie case. Il 28 maggio, alle 7 del mattino, il campo viene attaccato da una banda armata di hutu. Delle cinquantacinque persone uccise, trentotto sono donne e bambini. Quando Maggy sente le prime notizie, si precipita sul posto nonostante siano vietati gli spostamenti nelle zone di combattimento. I militari la fermano.

«A ognuno il suo mestiere» ribatte lei. «A voi quello delle armi e della morte. A me quello di soccorrere e curare.» La lasciano passare.

In seguito al massacro, si organizza una vera e propria caccia ai ribelli nei dintorni di Butezi, Ruyigi e Butaganwa. A Gisuru, vicino all'Oasis de la Paix, vengono uccisi don Yvon e una suora del convento. Sono amici di Maggy. Verranno seppelliti a Ruyigi, vicino alla tomba delle settantadue vittime.

Nel giugno di quello stesso anno, i volontari italiani della Casa della Pace vengono evacuati: un altro duro colpo per Maggy. Christoph e Traudl hanno dovuto abbandonare il Paese il 14 aprile, lasciandola molto sola. «In tutti quegli anni, non avevo una mia camera, dormivo con i bambini e quindi non c'era nessun posto dove potessi ritirarmi per piangere, potevo farlo solo da loro. Era come se Christoph fosse la mia *bodyguard*. Quando sono andati via, ho sentito che alcune persone dicevano: "Adesso che non c'è più, sarà meno orgogliosa".»

La partenza del dottor Paolo è un'ulteriore prova per

Maggy e i bambini della Maison Shalom. «Non solo è un uomo buono, è anche un ottimo medico, molto vicino alla gente, e si era preoccupato di imparare il kirundi. Siamo rimasti amici. Oggi lavora nello Zambia.»

Progressivamente, tutto il Paese si incendia. Le colline, che fino a quel momento sono state risparmiate, vengono a loro volta devastate. Le cifre sono incerte. A ogni massacro si parla di due, tre, quattrocento vittime. Qui un liceo, una scuola, là un ospedale, i locali di un comune: tutto ciò che rappresenta il potere, e dunque l'oppressione tutsi, sarà sistematicamente attaccato e bruciato. All'inverso, anche le infrastrutture delle zone a maggioranza hutu vengono distrutte. In un Paese come il Burundi, distruggere le poche infrastrutture esistenti rappresenta agli occhi di Maggy «l'espressione di una disperazione incommensurabile». Alla fine, per cercare di catturare i ribelli, l'esercito obbliga la popolazione a raccogliersi negli accampamenti. Tutti i refrattari vengono considerati nemici.

Sempre nel corso del giugno 1996, il CICR (Comitato Internazionale della Croce Rossa) sospende le sue attività dopo l'uccisione di tre dei suoi membri. Dei 294 belgi presenti in Burundi nel 1993, ne restano solo quattro all'ambasciata. Nel luglio del 1996, il maggiore Pierre Buyoya riprende il potere con un nuovo colpo di Stato. Ogni negoziato viene interrotto. La comunità internazionale decreta un embargo. Gli aiuti umanitari subiscono un immediato rallentamento.

È un periodo di totale desolazione, in cui l'essere umano si smarrisce nella massa delle disgrazie collettive. Ma Maggy si batte, contrapponendo al collettivo una serie di azioni uniche, adattate a ogni situazione, a ogni persona, a ogni storia.

Si può ben dire che il piccolo Dieudonné abbia una storia. La repressione seguita al massacro di Butezi è stata fatale alla sua famiglia. Ha sei mesi e sua madre lo sta portando sulla schiena quando scoppia una granata. L'esplosione strappa la mandibola al bambino. Quando, due giorni dopo, arrivano i soccorsi, la madre è morta, lui è vivo.

Maggy lo trasporta a Bujumbura, ma l'ospedale non lo accetta, così come nessun medico. Il suo caso è troppo disperato, non lo si può curare né alimentare correttamente. Eppure Maggy non si rassegna. Lo riporta alla Maison Shalom e lo battezza Dieudonné. «Ci siamo dati tutti da fare. Ognuno l'ha tenuto a turno nel proprio letto per tranquillizzarlo. Facevamo una fatica terribile a nutrirlo. Le sonde non erano sufficienti. Un giorno, non aveva ancora tre anni, ha afferrato il piatto della pappa a piene mani per cercare di mangiare da solo... eccome, se voleva vivere! Bisognava nasconderlo, tutti ne avevano paura, tanto il suo viso era sfigurato. La ferita non cicatrizzava e aveva un odore tremendo. Per due anni lo abbiamo tenuto così. E non moriva.» Nel bambino che rifiuta di morire, Maggy vede un'energia essenziale che chiede solo di dispiegarsi e di crescere verso l'avvenire. Lo tiene con sé anche a rischio di non essere capita da chi la circonda. «Mi rimproveravano di trascurare gli altri bambini. "Si aggrappa a Dieudonné" dicevano. È vero che a volte saltavo alcune riunioni per trovare sussidi, ma ho resistito, per due anni ho resistito, fino all'arrivo di Bibi che ha cambiato ogni cosa.»

Bibi è una donna piccola, energica, sulla sessantina, solida come una roccia e sempre pronta a sorridere. Calorosa e schietta nei gesti, si incupisce solo quando deve raccontare la sua storia.

Nel 1972, la vita tranquilla delle colline va in pezzi e per lei cominciano lunghi anni d'esilio. Giovane sposa, si rifugia in Tanzania e vi resta per sei anni insieme al marito. Due dei suoi otto bambini vengono alla luce in una capanna che la coppia ha costruito con le proprie mani nella foresta. Poi la famiglia fugge in Ruanda. «Siccome avevamo lo statuto di rifugiati, solo uno dei due congiunti aveva diritto a un lavoro retribuito, così io sono rimasta a casa per allevare i bambini.» Nel maggio del 1994, in pieno genocidio, il marito e la figlia maggiore vengono uccisi a Kigali. Insieme ad altre centinaia di migliaia di rifugiati, Bibi si ritrova di nuovo per strada, stavolta in direzione dello Zaire. Negli immensi campi profughi devastati dal colera, la famiglia è smembrata. Bibi e due dei suoi figli sopravvivono nella foresta per due anni. Nel 1997 scoppia la guerra nello Zaire[2]. Bisogna di nuovo partire, stavolta verso il Burundi, passando per il Ruanda, da dove viene respinta. È una donna scoraggiata quella che raggiunge il suo Paese d'origine. Torna a vivere dai suoceri, vicino a Ruyigi, con due dei suoi bambini. La coppia, molto anziana, li accoglie come una benedizione. Nell'aprile del 1998, suo figlio ha bisogno di medicine per gli occhi. Bibi va a Ruyigi, dove sente parlare di Maggy. Ma nel ritratto che ne viene fatto non riconosce la giovane alunna di un tempo. Bibi, infatti, è l'ex maestra di Maggy e una vecchia amica di famiglia. «Credevo che fosse un bianco! Per strada un bambino mi ha indirizzato da Maggy spiegandomi che si trattava di Marguerite Barankitse. Allora mi sono ricordata della figlia di Thérèse. La sua casa era sempre aperta, e lei ci portava i bambini della scuola per lavarli. Passavo di lì con regolarità per chiacchierare con la sua mamma. Quando ci siamo ritrovate abbiamo parlato, parlato, parlato... e pianto su tutti questi anni, su tutti i miei figli di cui non avevo nessuna notizia.»

[2] Alla fine di questa guerra lo Zaire diventerà la Repubblica Democratica del Congo.

Maggy racconta: «Ho voluto prenderla con me perché il suo villaggio d'origine mi sembrava pericoloso per lei. Poi, quando si è un po' rimessa, le ho proposto di lavorare per i bambini. Avevo paura che rifiutasse, per via di tutto quello che aveva passato e dell'ostilità che regnava nella regione nei confronti degli hutu». Invece Bibi accetta. «Della natura umana ho visto la parte peggiore e la parte migliore.» Lei ha scelto di mettersi al servizio di quella migliore. «Maggy mi ha aiutato, non mi piace elemosinare, mi piace nutrirmi del frutto dei miei sforzi.»

Maggy ha imparato che «è possibile sperare contro ogni speranza», e ancora una volta riceve come un segno il ritorno della sua ex maestra. Bibi diventa uno dei pilastri della Maison Shalom e si fa carico di tutto il settore relativo ai bambini. Inquadra le educatrici, disponibili a occuparsi dei bambini ventiquattro ore su ventiquattro. Appena diventa possibile, concede loro un giorno libero alla settimana. Permesso a cui hanno diritto anche quando alla Maison Shalom muore un bambino. «Lei ha perso il suo bambino» spiega Maggy. «Questo permesso le serve per elaborare il lutto, ne ha bisogno. Qui non fingiamo. La morte è sempre una lacerazione. Fa male. Non bisogna banalizzarla.»

Bibi si occupa anche della distribuzione del latte e veglia sulla salute dei bambini. La febbre di questo, la malaria di quello, e quest'altro che piange inspiegabilmente dalla mattina alla sera e non si lascia consolare. «Con l'embargo mancavamo di tutto» racconta Bibi, «soprattutto di medicine. È difficile calmare un bambino che soffre.»

Poco tempo dopo l'arrivo di Bibi, che rende il lavoro di Maggy molto più leggero, un'altra buona notizia cambia la vita del piccolo Dieudonné. «Quando nel 1998 abbiamo ricevuto la visita di alcuni giornalisti della televisione tedesca, hanno mostrato una certa sorpresa per lo stato dei bambini. Come se stessero troppo bene! Per la loro trasmissione volevano qualcosa di spettacolare. Un caso disperato. Ero restia a presentargli Dieudonné. Alla fine lo hanno visto, e hanno voluto salvarlo. Il loro reportage ha sconvolto tutti in Germania. Una donna ha mosso cielo e terra perché potesse essere curato. Qualche mese dopo il reportage, Christoph e Traudl ci accoglievano in Germania. Avevo avvolto Dieudonné in una coperta per proteggerlo dagli sguardi. Siamo andati fino in Turingia, dove abbiamo incontrato questa donna straordinaria. Si è presa cura di Dieudonné per tre anni come se fosse uno dei suoi bambini. È stato operato diverse volte. Lei si è occupata di tutto, con il sostegno della Caritas e del governo tedesco, che si è fatto carico del costo delle operazioni chirurgiche. Ha pensato di adottarlo ma io ero contraria a questa idea, perché durante la sua assenza avevamo avviato delle ricerche sulla sua famiglia. Abbiamo ritrovato uno dei suoi zii che viveva in Tanzania. Abbiamo scoperto il vero nome di Dieudonné: Deo gratias, "grazie a Dio". Senza saperlo l'avevamo chiamato come i suoi genitori! Tutti questi piccoli miracoli! Dio sa se ce ne sono stati... Col tempo, ho ritrovato la sua appartenenza etnica e il suo clan. Adesso deve tornare in Germania per un'altra operazione, ma un giorno andremo insieme sulla collina dove è nato e gli costruiremo una casa.»

Di miracoli, in effetti, ce ne sono altri. Bosco è arrivato da Maggy quando era piccolissimo, denutrito, febbricitante e muto. Maggy lo chiama Daniel, come il profeta della Bibbia. Lo porta all'ospedale di Butezi. Dopo una degenza di qualche mese, il bambino torna alla Maison Shalom. Si è abbastanza ristabilito, ma è sempre muto e bisogna ancora aiutarlo a mangiare. Un giorno, al momento del pasto, Maggy lo incoraggia dolcemente: «Daniel, bisogna mangiare e poi ridere con gli altri...». Lui la guarda dritto negli occhi e all'improvviso le dice: «Ma io non mi chiamo Daniel, mi chiamo Jean-Bosco!». Anche in questo caso, Maggy cerca di ritrovare la sua famiglia. «Dopo anni di ricerche, cominciavo a scoraggiarmi. Poi siamo riusciti a ritrovare la vecchia proprietà della famiglia, dalle parti di Gitega. E quando ci siamo andati con Bosco, sua nonna era là!»

Capitolo 8

COSTRUTTORI DI SPERANZA

1993-1998: cinque anni di una lenta agonia, una discesa progressiva agli inferi per tutto il Paese. Di fronte a questo disastro, Maggy non smette di battersi per la vita dei bambini, ma anche di denunciare, e per molti rappresenta la "donna da eliminare". Lo scenario la disgusta, e non manca di affrontare, con una certa aggressività, quelli che giudica responsabili della situazione. Anche la perfetta ipocrisia con cui alcuni praticano la religione la urta terribilmente. Le capita addirittura di apostrofare questa o quella persona, in chiesa o nella cattedrale, e di provocare uno scandalo. Allora la prendono per una pazza, cercano di calmarla, ma non c'è niente da fare. La sua stupefacente forza fisica e la sua volontà hanno la meglio. Persino le organizzazioni internazionali non vogliono sentir parlare di lei. Perché quando le porte si chiudono, lei cerca di aprirle con la forza. Per farsi sentire, Maggy agisce come crede, che la cosa piaccia o meno. Il 16 giugno del 1997, per esempio, in occasione della giornata del bambino africano, in ricordo del massacro dei bambini di Soweto in Sudafrica, l'Unicef distribuisce mille bandiere nel campo profughi di Butezi. Mentre vengono preparate le cerimonie, Maggy è incaricata di dare le bandiere ai bambini e le si spiega che dovranno brandirle al passaggio delle autorità. Lei ribatte che i bambini sono quasi completamente privi di vestiti e che non possono agitare le bandiere se sono mezzi nudi. Ma urterà contro un rifiuto categorico. Allora si organizza. Con le donne del campo, cuce a due a due le bandiere triangolari e ne ricava delle mutande. I bambini sfilano con i colori dell'Unicef, ma sulle chiappe… il che farà scandalo.

Nonostante le grandi operazioni, Maggy è scandalizzata per lo stato di abbandono dei profughi, costretti a restare, per motivi di sicurezza in accampamenti sordidi. Così, in modo più discreto, ritorna nel campo di Butezi con alcuni bambini della Maison Shalom. Questa volta si tratta di festeggiare il Natale con i profughi, di onorare la festa dell'infanzia e della condivisione.

Nel 1997 l'orizzonte comincia ad aprirsi. L'articolo dedicato a Maggy dalla rivista «Géo» ha avuto grande risonanza. L'anno successivo, Olara Otunnu, il sottosegretario generale delle Nazioni Unite per la protezione dei bambini nei Paesi in crisi, in visita in Burundi, al momento del suo arrivo chiede di incontrare Maggy. La cosa desta scalpore, ma all'improvviso quella "pazza" di Maggy diventa frequentabile… Da quel momento in poi, sono in molti a riconoscere la qualità della sua azione. Lo stesso anno, su proposta del Soccorso Cattolico, Maggy riceve il premio internazionale per i diritti umani istituito dal governo francese. Il giorno della cerimonia, in presenza di Lionel Jospin, denuncia: «Spero che la mano che oggi mi dà questa medaglia cessi di fornire armi al mio Paese».

Per la prima volta dal 1991 vola lontano dall'Africa, lontano dai massacri, dalla miseria, dalla sua lotta quotidiana. Durante uno di questi viaggi in Europa, si concederà un periodo di malattia. «Ho ricevuto una grande lezione. Mi prendevo troppo sul serio, credendomi indispensabile. Al mio ritorno a Ruyigi, mi sono accorta che in mia assenza tutto aveva funzionato molto bene. Ho imparato a riconoscere i miei limiti, ad accettare che non potevo amministrare e gestire tutto. Ho fatto attenzione a non rovinare niente per colpa della mia negligenza. Ogni giorno dico: "Signore, che le tue meraviglie divampino e che io non ponga loro alcun ostacolo".»

Questo primo riconoscimento internazionale corrisponde a un periodo di relativa tregua nel Paese. Nel giugno del 1998, la maggior parte dei protagonisti del conflitto mostrano di voler riaprire i negoziati di pace interrotti nel 1996, dopo che Buyoya ha ripreso il potere con la forza. Tutte le correnti politiche e tutti i partiti, eccetto i più estremisti, si riuniscono ad Arusha, in Tanzania. Partecipano anche alcuni rappresentanti della società civile. Si sente parlare qua e là di "negoziato", di "ricostruzione". Termini vaghi che nascondono tuttavia una qualche verità: pur senza raggiungere i livelli precedenti alla guerra, il tasso di scolarizzazione risale un poco e gli ultimi sessanta chilometri della strada che porta a Ruyigi vengono asfaltati. E nel 2000 arriva anche l'elettricità.

È in questo periodo che la Maison Shalom conosce un nuovo slancio. Incoraggiata dalla comunità internazionale, da nuovi finanziatori e da un'équipe sempre più numerosa e solidale, Maggy osa pensare più in grande. Nuove educatrici vengono ingaggiate. Ben presto sono più di venti a vegliare su ottanta bambini. La Maison Shalom si occupa di trecento bambini in totale.

Ma, al di là dell'aiuto d'emergenza, Maggy vorrebbe offrire ai bambini un vero progetto di vita, una nuova possibilità, un cammino verso l'autonomia.

Per prima cosa fa appello allo psicologo Prime, che conosce da molto tempo. Sono stati compagni di scuola e le loro due famiglie si sono sempre rispettate e amate. Prime racconta: «Una volta, regalare una mucca a qualcuno significava dimostrargli una grande amicizia. Ricordo che mio padre diceva che la mia famiglia aveva dato una mucca a quella di Maggy. Consideravo Maggy come una sorella maggiore». Questo tutsi è stato in parte allevato da una famiglia hutu: dato che la sua scuola era troppo lontana dalla casa di suo padre, una mamma hutu lo aveva accolto e si era occupata di lui più ancora che se fosse stato uno dei suoi bambini. Questo esempio lo ha molto segnato ed è in questo senso che vuole aiutare i bambini della Maison Shalom. Prime ha molto da fare. Vengono organizzate sedute d'ascolto, in seguito alle quali propone ad alcuni bambini una psicoterapia. È la guerra, eppure è necessario guidare ciascuno nel suo lungo cammino verso la pace interiore. Le educatrici lo aiutano nel suo lavoro con i più piccoli. Ma i primi tre anni sono difficili.

«Vivevo in un perenne dilemma: desideravo reinserire i bambini nelle loro colline, ma questo poteva esporli al pericolo, perché voleva dire andare a trovare le famiglie in zone di combattimento o nei campi profughi. E significava che anch'io avrei dovuto espormi. Nemmeno lasciarli nei centri d'accoglienza era una buona soluzione. Ogni mattina Maggy ci diceva di essere ingegnosi. Quando scoprivamo che la regione a est prevista nel nostro programma di visite era stata dichiarata zona rossa, il mattino stesso della partenza andavamo verso nord. Quando non andava più bene il nord, cambiavamo direzione e così via. A volte lavoravamo come dei pazzi, come quelle ambulanze che non obbediscono a nessun codice della strada. Maggy ci diceva sempre che bisognava intervenire il più presto possibile, con i bambini traumatizzati, per non dover riparare vasi già rotti. Quel lavoro mi piaceva e mi arricchiva, ma io, a differenza di

Maggy, non ero convinto che la guerra un giorno sarebbe finita e che Dio proteggesse i bambini. Eppure le sue parole si sono realizzate, perché nessuno dei bambini reinseriti è morto a causa della guerra. È per malattia che alcuni di loro ci hanno lasciato.

Volevo insegnare ai bambini come riorientare la loro vita, come lottare pur tenendo conto di quanto fosse povera la comunità. A poco a poco, ho capito che aiutare i bambini feriti non significa dargli di più, ma chiedergli di più.»

Molti tentativi di reinserimento riescono nonostante la mancanza di sicurezza. Se i bambini sono circondati dall'affetto della famiglia, che sia vicina o lontana, non sentono il pericolo come gli adulti. Una volta effettuato il reinserimento, Maggy non rinuncia per questo a seguirli. Ma a volte i genitori sono morti e non si trova nessun parente bendisposto che accolga i bambini.

Maggy ha mai pensato all'adozione? «Abbiamo lanciato degli appelli,» racconta Prime, «ma le risposte che abbiamo ricevuto non sembravano molto serie. Esprimevano una cattiva disposizione di spirito. I genitori cercavano una docile manodopera.» Quanto all'adozione internazionale, Maggy ha sempre avuto molte riserve al riguardo. «Ho sempre sentito che andava contro ciò che cercavo di costruire per i bambini. Io lotto anche contro il modello dominante della civiltà occidentale. Le comodità materiali non possono sostituire l'appartenenza culturale.»

Che fare, allora, dei bambini di cui non si sono ritrovate le famiglie e che spesso arrivano insieme ai loro fratelli? È da questo interrogativo che nascerà l'idea delle "case-famiglia".

Ernest è appena arrivato con i suoi cinque fratelli e sorelle. È il più grande: ha appena vent'anni. I loro genitori tutsi sono morti nei massacri del 1993. Quattro anni fa, il loro zio materno è venuto a cercarli per portarli nello Zaire, a Uvira. Sono riservati riguardo a ciò che è successo in quei quattro anni, e dicono solo che sono riusciti a "scappare". Quando nel 1998 arrivano a Ruyigi sono davvero malmessi e senza alcuna risorsa. Improvvisano un tetto di assi di legno e cominciano a chiedere l'elemosina per la strada. Maggy viene a sapere della loro presenza e li prende con sé. Subito ricominciano ad andare a scuola, si integrano alla vita collettiva e partecipano ai lavori nei campi. All'interno della Maison Shalom vengono divisi: dormono in camerate separate a seconda dell'età e del sesso. Una nuova ricerca della famiglia si rivela infruttuosa e Maggy si rende conto che, nonostante un maggior benessere materiale, qualcosa di molto più prezioso è in pericolo. «La loro fratellanza, che le avversità non erano riuscite a spezzare, alla Maison Shalom era messa in difficoltà, e io ci vedevo una regressione.»

Anche la storia di Justine contribuirà a sbloccare l'avvio delle case-famiglia. Il destino di questa giovane hutu, che oggi ha ventiquattro anni, si è legato a quello di Maggy nel 1993, al momento dei massacri. Con i suoi cinque fratelli e sorelle, fa parte dei bambini arrivati a casa di Martin nella prima settimana dopo il dramma, durante il quale i genitori e la sorella più piccola sono stati assassinati. Uno dei suoi fratellini era stato dato per morto. Maggy lo ha recuperato. È rimasto traumatizzato per molto tempo da ciò che aveva vissuto. Anche Justine ha subito a lungo le conseguenze del massacro. «Sul momento» dirà, «non ho capito niente di quello che ci stava succedendo.» Secondo Christoph e Traudl, «aveva un carattere ben delineato e deciso. Durante il giorno era molto vivace, molto attiva, presente, servizievole. Era la più grande e aiutava molto tutti i piccoli. Ma di notte le capitava di tremare, di lamentarsi, persino di urlare.

Quando le crisi erano troppo violente, Maggy veniva a chiamarci. Molte volte, per cercare di calmarla, siamo andati in piena notte nonostante il coprifuoco fino al centro sanitario di Butezi, per chiamare il dottor Paolo. Ma lui era impotente quanto noi».

«Non conosco in prima persona la sofferenza di un bambino che ha visto uccidere sotto i suoi occhi il padre o la madre, ma ne sono stata testimone» dice Maggy.

Per questi bambini che non hanno più né casa né famiglia, Maggy inventerà l'una e l'altra. I più grandi si occuperanno dei più piccoli. Quanto al terreno, lei ne troverà uno! Ci sarebbe quello che apparteneva proprio alla famiglia di Justine, ma è vicino alla casa dell'assassino dei suoi genitori. L'ora del perdono non è ancora arrivata.

Quanto al terreno di Ernest e dei suoi fratelli, i vicini se ne sono appropriati e la giustizia lascia fare. Dal 1972, molte famiglie sono state spogliate in questo modo dei loro beni nella più totale impunità. Il fenomeno si è ripetuto nel 1993, soprattutto nelle campagne. La scomparsa di intere famiglie, lo spostamento del 15% della popolazione e lo sfruttamento dei campi da parte dei vicini hanno reso difficile l'attribuzione e la ripartizione delle terre. La complessità della situazione ha generato nuovi conflitti, che a volte si concludono con l'omicidio. Così Maggy fa appello ad Antoine, l'amico su cui non ha mai smesso di contare, quello con cui ha potuto piangere nel 1993 e che dice di lei che gli ha insegnato «a costruire la gioia partendo da zero». L'ex giudice, divenuto avvocato, si batte per far rispettare i diritti fondiari dei bambini della Maison Shalom. «Gli orfani sono prede facili. Quando raggiungono la maggiore età, propongono loro l'acquisto della casa dei genitori scomparsi per un prezzo spesso irrisorio. Loro cedono volentieri, di fronte all'opportunità di voltare pagina e alla prospettiva di disporre di un po' di denaro.» A volte i contendenti sono fratelli. In questo caso, Maggy cerca di fargli capire che «il bene più grande che la madre ha lasciato loro non è né la casa né il terreno, ma un fratello o una sorella». Oppure Antoine scopre che membri lontani della famiglia hanno già rivenduto in modo più o meno anarchico ciò che non apparteneva loro. Comunque sia, nella maggior parte dei casi le pratiche si trasformano in un vero e proprio percorso di battaglia per recuperare i titoli di proprietà.

E anche se alcuni possono disporre dei propri beni, non necessariamente desiderano ricostruire la casa di famiglia o vivere nei luoghi del massacro, a volte vicino agli assassini stessi. In tal caso, Maggy offre loro un po' delle terre che ha ricevuto in eredità. Cinque ettari sulle colline di Nyamutobo, che ha vincolato alla Maison Shalom. Quando le ragioni di sicurezza lo richiedono, ne compra un pezzo a Ruyigi. È stato il caso della famiglia di Ernest. D'accordo con lui e con i fratelli più grandi, si è deciso che sarebbero rimasti nel centro della città, conservando così un accesso più facile alla scuola e al liceo.

Come avverrà per ciascuna delle future case-famiglia, la pianta dell'edificio si ispira alle abitazioni tradizionali. Due ingressi centrali si aprono sulla sala, che a sua volta dà su due camere per lato. La struttura annessa, distante alcuni metri, è divisa in tre parti, ognuna con il suo ingresso diretto: l'angolo sanitario – cioè una grande fossa svuotata ogni due anni –, uno spazio chiuso per lavarsi e un angolo cucina dove si fa il fuoco sulla nuda terra. All'inizio non c'è né acqua corrente né elettricità.

Le prime case, come quella della famiglia di Justine o di Ernest, sono costruite in adobe, mattoni fatti di terra, modellati in un rudimentale stampo rettangolare di legno e lasciati seccare al sole. Il tetto, le porte e le finestre sono di lamiera, l'unico materiale che è necessario acquistare. Tutti i bambini partecipano alla costruzione. Fanno i mattoni, innalzano i muri, posano al suolo le mattonelle di terracotta, aiutano gli operai qualificati nell'installazione delle porte e delle finestre. Il mobilio è ridotto allo stretto necessario: letti, tavolo e panche. A volte viene piantato qualche banano, accompagnato da un quadrato di terra coltivato a manioca o da un pollaio.

La famiglia sperimenta allora un nuovo modo di vivere, e può davvero fare progetti sul lungo periodo. I bambini possono accedere alla fonte d'acqua dei vicini in cambio del versamento di una quota mensile. I maschi si occupano dell'acqua e della cura dei banani. Le femmine coltivano e fanno da mangiare. Tutti partecipano alla manutenzione del posto. È proprio ciò che voleva Maggy: «Negli orfanotrofi del Burundi, che del resto sono gestiti per la maggior parte da congregazioni straniere, il bambino viene ospitato fino alla maggiore età. Dopodiché viene abbandonato a se stesso. In questo modo, rimane privo di risorse personali. Prima ospitato in un universo chiuso e piuttosto privilegiato, si ritrova poi completamente estraniato rispetto alla vita delle colline. Non ha alcun senso della responsabilità e conserva l'illusione che riceverà tutto dall'esterno. Che ne è allora della sua creatività? Eppure bisogna arrangiarsi, diventare protagonisti del proprio sviluppo. Tutti questi orfanotrofi mi sono serviti come controesempio per la Maison Shalom».

Per organizzare il sistema delle case-famiglia, Maggy ingaggia alcuni assistenti sociali. Vanno regolarmente a vedere come i bambini si adattano alla situazione, controllano che vadano a scuola e abbiano buoni voti, sorvegliano l'evoluzione delle relazioni tra fratelli e sorelle, il modo in cui gestiscono le loro scorte di cibo e la loro piantagione. Una particolare attenzione viene rivolta all'igiene e all'utilizzo dell'acqua.

Le prime esperienze si rivelano positive. Maggy passa di frequente nell'una o nell'altra casa, a volte arriva all'improvviso, porta delle bibite e qualche leccornia per arricchire un pasto che condividono tutti insieme. Distribuisce consigli, raccomandazioni, a volte anche rimproveri. «Datevi da fare, coraggio, non sarete degli eterni assistiti!» Ma il più delle volte le sue visite sono improntate a una grande tenerezza e al tentativo di guidare questi giovani, la cui infanzia e adolescenza sono state calpestate.

Anche Prime fa il giro di queste "nuove" famiglie. Con i più grandi, i "capifamiglia", organizza regolarmente sedute di formazione su temi precisi. Ascolta le loro osservazioni, li invita a stare attenti a eventuali anomalie nel comportamento dell'uno o dell'altro bambino della casa: l'anoressia, le assenze da scuola, gli incubi, il disgusto per il gioco, il mutismo sono altrettanti indizi che rivelano una sofferenza latente. Li aiuta ad affrontare gli eventi, di qualunque tipo siano. Nei periodi di disordine, alcuni abitanti delle colline si rifugiano da loro, anziché chiedere asilo direttamente alla Maison Shalom. «La gente si presentava in preda al panico e diceva: "I militari e i ribelli non possono uccidere i bambini, perciò veniamo da voi". Questo rassicurava tutti. Così i bambini restavano a casa loro, anche quando c'era un attacco molto vicino. Ovviamente erano molto stressati, ma era il male minore, se così si può dire, perché erano responsabili e si ritrovavano a sostenere quei rifugiati.»

Nel 2005, le case-famiglia sono quasi cinquecento. Vi abitano circa duemila bambini, con i loro fratelli e le loro sorelle di sangue o di cuore.

Capitolo 9

NESSUN FUTURO SENZA PERDONO

Il cuore è forse una delle maggiori risorse di Maggy, che ha puntato tutto sulla potenza del perdono, sulla possibilità, attraverso questa pratica, di ritrovare la parte luminosa che è in ciascuno. Vorrebbe offrire nuove prospettive a quei bambini vittime di una situazione da loro non voluta, fornire altri punti di riferimento a chi ha visto uccidere i propri genitori. Perciò l'educazione alla pace si impone molto presto come la missione principale della Maison Shalom. «Volevo far nascere in Burundi una nuova generazione, che avrebbe portato la luce del perdono su tutte le colline.»

Ma in un Paese in cui la vendetta è quasi una cultura, il desiderio di riconciliazione sembra una scommessa folle. «Da noi, chi chiede scusa perde la faccia, tradisce il suo clan» spiega Maggy. «È un disonore. Il desiderio di vendetta è come il sostituto di una forma di dignità. La nozione di responsabilità nel nostro Paese non è mai stata individuale. Ognuno è responsabile per l'atto commesso da qualsiasi appartenente allo stesso clan. Allo stesso modo, se qualcuno viene umiliato, è tutto il gruppo che ne subisce l'onta. "*Umuryambura atukisha umuryango*", "Chi mangia del cane insulta tutta la famiglia". Questo corrisponde a uno spirito di solidarietà che un tempo aveva la sua ragion d'essere, con una certa organizzazione della società in equilibrio con altri valori che però non sono durati. Gli avi, tuttavia, sapevano perfettamente che la vendetta è un vicolo cieco.»

A testimoniarlo sono anche i proverbi e i racconti tradizionali. Come dimostra questa leggenda. Due secoli fa, in Burundi, due clan vivevano in armonia. Ma un giorno i Bagomera, gelosi dei favori che il re accordava ai Bahinda, decisero di massacrarli. Solo la figlia del capo riuscì a salvarsi. Suo padre, in agonia, le chiese di vendicare la sua gente. La giovane promise. Sposò un giovane Bagomera per introdursi meglio nel clan avversario e nuocergli. Ma la ragazza si innamorò del suo sposo ed ebbe con lui molti bambini. Divisa, non sapeva come onorare la promessa fatta al padre senza distruggere il suo amore, quando improvvisamente il fratello, anch'egli scampato al massacro, ricomparve. Lei gli raccontò i suoi tormenti. Il fratello le rispose di non preoccuparsi: avrebbe pensato lui a vendicare la loro gente al suo posto! Ma la loro conversazione venne ascoltata e il giovane fu subito ucciso sotto gli occhi di sua sorella. Lei, allora, preparò un veleno e lo mescolò alla birra per la festa. Servì da bere a tutti, ma anche i suoi bambini assaggiarono la bevanda mortale. Giunta la sera, non le restava più niente: né fratello, né sposo, né discendenza[1]. Così un tempo si insegnava ai bambini quanto fosse dannosa la vendetta.

Il genio di Maggy consiste nel saper sposare armoniosamente, nonostante le loro contraddizioni, i valori degli ordinamenti sociali che ha incontrato. Ha sempre saputo destreggiarsi con un certo buon senso tra i sistemi di riferimento tradizionali, i valori della religione cattolica e quelli delle istituzioni pubbliche introdotte dalla colonizzazione e poi dallo Stato. «Cerco di prendere ciò che c'è di

1 Questo racconto tradizionale è molto conosciuto in Burundi. La drammaturga Marie-Louise Sibazuri lo ha ripreso nel suo *Ngorore Y Ababinda* (*L'offerta ai Babinda*).

buono in tutte le culture, tanto nella mia tradizione quanto nello spirito occidentale. Ma è soprattutto la fede che mi ha aiutata ad avere un altro sguardo. La fede mi ha sostenuta nei momenti più atroci. Ho sempre custodito nel mio cuore questa frase della Bibbia: "Sarò con voi fino alla fine dei tempi". È ciò che mi ha permesso di dire sì, sì al dono, ed è un sì che si rinnova in ogni momento e che mi tiene in piedi. Ogni evento mi ha chiesto e mi chiede ogni volta di dire sì alla vita, il che presuppone di restare sempre vigili. Dire no all'odio fratricida richiede un'energia che supera le semplici forze umane. Per me c'è una sola religione, quella dell'amore. Ma è vero che la nozione di perdono è propria della fede biblica.»

Ruyigi è una piccola città, dove vittime e carnefici si incrociano di frequente. I bambini delle vittime subiscono regolarmente aggressioni verbali, da cui cercano di proteggersi andando a scuola tutti insieme. Maggy veglia sulla loro educazione, li rassicura e li protegge senza per questo farsi illusioni sulla natura umana. Sa bene quale sete di vendetta cresca nel silenzio. I figli e le figlie vogliono eliminare gli assassini dei loro genitori, che li ricambiano volentieri, visto il timore che hanno di vedere la vendetta abbattersi sui propri bambini. L'omicidio è latente in tutti i cuori.

Maggy vorrebbe poter liberare i suoi bambini dal dolore, perché sa bene fino a che punto l'odio rovini chi lo nutre, vorrebbe interrompere questa catena di vendette che si trasmette silenziosamente di generazione in generazione. Ma come condurli verso una riconciliazione? «Sono loro che me lo hanno insegnato. Spesso la riconciliazione è cominciata con i figli dei criminali. Per andare al liceo, Justine passava tutti i giorni davanti alla casa dell'assassino dei suoi genitori. Per tre anni non si sono detti neanche una parola. Lei frequentava lo stesso liceo dei figli del criminale e, a poco a poco, questa situazione ha finito per farli avvicinare. Quando abbiamo celebrato la comunione della sorella minore di Justine, abbiamo invitato quella famiglia. All'inizio sono venuti solamente per mangiare ma, col tempo, sono venuti per amicizia. Sì, piano piano siamo diventati amici.»

Questa riconciliazione è diventata un esempio per gli abitanti di Ruyigi, la testimonianza vivente di una pace possibile tra le due comunità. «Sognavo una ricostruzione, malgrado i combattimenti, la miseria, l'embargo. Il dialogo con quell'uomo e la sua famiglia portava con sé la speranza. Ma una cosa del genere richiede tempo, preparazione e anche la valutazione di ciò che ciascuno è in grado di fare. In questo campo, è anche la sincerità dell'azione a farsi creatrice di perdono. Quando abbiamo cominciato a discutere con Justine l'ipotesi di sistemarla con i suoi fratelli in quella che era stata la casa dei genitori, abbiamo riflettuto insieme su cosa avrebbe significato per loro ritrovarsi vicino a quelli che l'avevano distrutta, e in particolare all'assassino dei suoi genitori e della sua sorellina. Lei ha accettato. Aveva solo diciotto anni, ma è stata grandissima.»

Maggy ottiene che i responsabili dei crimini partecipino alla ricostruzione della casa dei genitori di Justine. Uno porta l'acqua, un altro fa i mattoni di terracotta, un terzo cerca un camion per portare le pietre da costruzione. Nel dicembre del 2000, Justine e i suoi fratelli prendono finalmente possesso della casa. Per festeggiare l'avvenimento, hanno deciso di organizzare la tradizionale festa d'incontro con i vicini. Tra i vicini c'è l'uomo che ha ucciso i loro genitori. Maggy lo invita. L'uomo accetta di andare. Al momento di entrare in casa, davanti a tutti, Justine si gira sulla soglia e si rivolge a lui pubblicamente. Sui presenti cala il silenzio. «Un giorno,» dice, «quest'uomo è venuto verso di me e mi ha chiesto perdono. Solo dopo mi sono sentita finalmente libera. Adesso posso tornare a vivere. Non potrò mai dimenticare che il 24 ottobre del 1993 i miei genitori e altre settanta persone sono state uccise. Non è facile perdonare veramente qualcuno che vi ha fatto del male, ma in Burundi dobbiamo cominciare a perdonarci a vicenda e imparare a vivere insieme, altrimenti non sapremo mai cos'è la pace.» L'uomo ascolta, accetta le parole di Justine. Poi, all'improvviso, si rivolge a sua volta agli invitati: «Per questi bambini che ci hanno perdonato, dobbiamo operare affinché il 24 ottobre 1993 non si ripeta mai più».

Un mese dopo, nel gennaio 2001, per festeggiare la costruzione delle prime ottantacinque case, la Maison Shalom organizza una grande festa a cui partecipano numerose personalità: il ministro della promozione sociale, l'ambasciatore del Belgio, i rappresentanti dell'Unicef, del PAM e dell'UNDP[2], il nunzio apostolico, il vescovo di Ruyigi… Justine ha invitato anche i vicini. Dopo aver visitato il sito di Nyamutobo, la *guest house*, i negozi di alimenti, i nuovi uffici, l'assemblea si ritrova nel giardino della Maison Shalom. I militari fanno da scorta durante gli spostamenti. I bambini suonano il tamburo per accogliere gli invitati, le femmine danzano con le campanelle ai piedi, ritmando i movimenti con fischietti e canti. All'improvviso, tra le autorità si fa silenzio. Justine si fa avanti e prende la parola.

«Maggy, tu ci ripetevi spesso che un giorno avremmo ritrovato la nostra casa, la nostra identità. *Oma*, i tuoi sogni sono diventati realtà. *Oma*, tu hai pianto come una mamma per sette anni. Oggi è il momento di consolarti e di asciugare le tue lacrime. Da te abbiamo imparato a rispettare e a perdonare coloro che hanno ucciso i nostri genitori, sac-

2 Programma della Nazioni Unite per lo Sviluppo [*N.d.T*].

cheggiato i nostri beni, violato i nostri diritti o che ci hanno ferito fisicamente e moralmente.

Noi chiediamo a voi adulti di cambiare il vostro comportamento irresponsabile, di avere pietà del numero sempre crescente di orfani a causa della guerra e dell'AIDS, di risvegliare le vostre coscienze.»

Per Maggy, sono i giorni di una immensa emozione, come il primo raccolto di una folle speranza, la vittoria dell'amore sull'odio. Anche se sa che il perdono non è questione di un giorno, non scaturisce da una decisione improvvisa e volontaria ma da un processo di cui è bene verificare continuamente la forza in se stessi. Un processo complicato che dipende dalla cultura, dalla psicologia e dalla storia di ciascuno. Secondo Justine, «Maggy ci ha dato amore e per questo siamo riusciti a superare le nostre tristi esperienze. Non era obbligata a farlo, non eravamo nemmeno suoi parenti. Se non l'avessi incontrata, sarei diventata a mia volta un'assassina».

Nessun caso è identico all'altro. Per il fratellino di Justine, per esempio, la sofferenza è stata troppo grande. Maggy lo ha accompagnato all'ospedale perché incontrasse il suo aggressore, l'uomo che gli aveva sferrato nove colpi di machete alla testa. L'uomo, malato di AIDS, era stato abbandonato da tutti i suoi parenti. Il ragazzo si è avvicinato e ha posato un pacco.

«Sono medicine?» ha chiesto l'uomo.

«No, è cibo» ha risposto Maggy.

«Potrei avere dello zucchero?»

«Potrà portarne domani» ha spiegato Maggy indicando l'adolescente. Allora l'uomo si è girato verso di lui: «Mi riconosci?».

Il fratellino di Justine è uscito senza dire una parola.

Tuttavia ha accettato di vegliare il suo aggressore fino alla sua morte con Justine e gli altri fratelli e sorelle. Il giorno delle esequie hanno intrecciato per lui una corona di fiori. Ma lui reagisce in modo diverso da sua sorella. Dice: «Mi hanno fatto del male e non voglio ricambiarlo, ma mantengo le distanze. Non voglio neanche far loro del bene».

La storia di Justine e della sua famiglia è singolare. Maggy non cerca sistematicamente un confronto tra la vittima e il suo aggressore, preferisce operare in funzione del contesto e della storia di ciascuno. «Sono proprio i ragazzi a volersi liberare. Figli e figlie di vittime o di assassini, sono diventati amici a scuola e ci hanno aperto questa via.»

Liberare la vittima ma anche l'assassino: questo è il duplice obiettivo delle pratiche di Maggy. «Colui che uccide è la prima vittima del proprio gesto. Non si può condannare un uomo ma solo il suo gesto. La colpevolezza ostacola la nostra umanità più della morte. Il defunto se ne va nell'innocenza e nella dignità, mentre chi ha ucciso deve riconciliarsi con la propria coscienza per tornare a esistere davvero. Ed è nostro compito aiutarlo perché il Paese guarisca dalla malattia che da anni lo sta divorando: l'ipocrisia, inevitabilmente associata alla diffidenza. Per questo bisogna creare occasioni di incontro che possano radicarsi nella vita quotidiana e suscitare una relazione di fiducia reciproca. Bisogna tendere la mano a chi ha commesso un crimine per liberarlo da quel crimine, perché quel crimine uccide anche lui, gli impedisce di essere un uomo. Bisogna offrire al carnefice delle occasioni perché possa chiedere perdono. Se piano piano vi avvicinate a un criminale e provate a mostrargli che anche lui è come voi, può diventare a sua volta un costruttore di pace.»

Più che alla parola, Maggy crede alla virtù di semplici atti che impegnano fisicamente l'essere umano. «Nella società burundese, la parola è stata così profondamente macchiata dalla menzogna che dobbiamo scommettere su gesti di riparazione anche se sono solo simbolici. Che un criminale vada almeno ad attingere un secchio d'acqua per fare un mattone che serva a ricostruire la casa di quelli a cui ha ucciso i genitori: sta in questo la materializzazione di un pentimento.»

«Ogni vita è sacra, perfino quella di un criminale. Bisogna portarlo a scoprire la luce che è in lui e a farla splendere abbastanza da poter vedere la propria ombra. Quando mi chiedono se i criminali non abbiano bisogno della punizione per sentirsi liberati, rispondo che la priorità delle priorità è rompere il ciclo della vendetta. So bene quanto il cammino sia difficile, so che in Burundi sono molti coloro che non concepiscono nemmeno di aver agito male, che trovano normale uccidere. So che ci vorrà molto tempo perché certe persone inizino a guardare diversamente la propria storia e quella del Paese e comincino a pentirsi. Justine ci ha mostrato fino a che punto il perdono possa creare un legame, ridare umanità a un assassino. Che regalo magnifico! Se un giorno potessi sentirmi dire dagli assassini dei genitori di Lydia e Lisette: "Per piacere, liberateci, perdonateci e ricominciamo, ricostruiamo insieme…".»

In nessun caso Maggy pretende di sostituire il perdono alla giustizia. «Il perdono sarebbe più facile se la giustizia venisse esercitata con più mezzi, più equità e più rispetto delle leggi.» Ma in tempi di guerra, in una società minata dall'esclusione, che sia politica, regionale, sociale o etnica, bisogna adattarsi. «Le prigioni non sarebbero sufficienti a contenere i criminali, se li si condannasse tutti! La società basata sull'esclusione ha creato molta confusione nella testa delle persone, che impedisce di respirare e di agire. Dobbiamo ritrovare la strada della fiducia per dare una possibilità alla parte luminosa.»

Senza aspettare una soluzione collettiva[3], ha scelto di andare avanti caso per caso, compiendo un lavoro approfondito con i bambini, il personale, gli interlocutori e gli amici della Maison Shalom.

Un giorno, un uomo malato di AIDS è andato a implorare il suo aiuto in seguito a un furto in casa sua. «Lo conosco» ha detto Maggy, «è un assassino, che vada al diavolo!» Un'ora dopo, ha mandato qualcuno a informarsi della situazione. L'uomo era moribondo e la sua casa saccheggiata. Maggy gli ha fatto portare un materasso e del cibo. L'assistente sociale è andata a trovarlo finché non è morto. «L'amore è più esigente della legge. Niente saprà indurre i miei bambini alla vendetta. Anche se so che il perdono è un lavoro di lungo respiro e che i giovani possono fingere. A volte bisogna aspettare il momento di morire per osare. Quando lo stringo a me, quando lo lavo, finalmente mio fratello mi dice: "Maggy, sei stata brava, ti chiedo scusa".»

È ben consapevole che il lavoro di perdono ha bisogno di un «rovesciamento nel profondo del proprio intimo». Questa rivoluzione interiore lei l'ha compiuta in se stessa.

«Ero molto in collera. Mi sono servite molta forza e molte preghiere per tornare in chiesa dopo i massacri. S'immagini, trovarmi seduta a fianco di un assassino, orgoglioso e arrogante come certi lo erano nel novembre 1993, di cui io sapevo con sicurezza che non si pentiva per niente di ciò che aveva commesso! Come scambiare un gesto di pace durante l'eucaristia? Era al di sopra delle mie forze. Il delitto era lì. Non potevo dimenticarlo. Quelli che avevano ucciso facevano parte della mia gente, della mia famiglia. Ma via via ho capito che il risentimento mi avrebbe distrutta. Vivevo a Ruyigi

3 Nel 2005, in Burundi è stato intrapreso un programma ispirato alla Commissione sudafricana per la verità e la riconciliazione.

in mezzo ai criminali e dovevo cercare un modo per riconciliarci. Si è ucciso così tanto in Burundi che ho capito che, se non fossi passata attraverso il perdono, avrei dovuto lasciare il mio Paese. Ho capito che il perdono conferisce agli uomini una capacità di resistenza che permette loro di restare umani a dispetto di ogni sforzo per disumanizzarli.

Per paura di dissociarsi dal gruppo, alcuni hanno commesso atti a cui non necessariamente aderivano. Ho visto molte persone intrappolate da questa contraddizione, che hanno preferito commettere dei crimini in nome del clan piuttosto che affrontare la propria responsabilità individuale. Questa catastrofe collettiva ha scosso in profondità l'anima dei burundesi. Oggi possono prendere coscienza di aver toccato il fondo dell'orrore. Bisogna vedere questa dolorosa consapevolezza come una possibilità, la possibilità per ognuno di appropriarsi dell'identità personale, uscire dal proprio gruppo e guadagnare fiducia in se stessi per costruire un legame libero con l'altro. Perché il paradiso comincia qui e ora. È sulla terra che dobbiamo vivere il cielo. Se l'uomo potesse capire fino a che punto l'odio lo aliena, mentre l'amore lo rigenera, lo accresce...»

Nell'ottobre del 2004, un ragazzo è venuto da Bujumbura a Ruyigi con suo padre e sua sorella. Cercavano Maggy. Nel 1995, il giovane faceva parte di un gruppo armato. La loro missione era di uccidere su commissione. Per essere sicuri di non lasciarsi sfuggire il bersaglio, a volte uccidevano tutta la famiglia. Una mattina hanno saputo che il loro nuovo bersaglio era Maggy. Per anni, il giovane si è vergognato di averci anche solo provato. Ed è lei che è venuto a incontrare. Dai massacri dell'ottobre 1993, è il primo a presentarsi per chiederle direttamente perdono. Da allora, Maggy è diventata amica di tutti i membri della famiglia. A Bujumbura passano spesso alla filiale della Maison Shalom per aiutare i giovani, spontaneamente.

Capitolo 10
LA CITTÀ DEGLI ANGELI

Nel 1999, Maggy non sa ancora quanto grande diventerà la Maison Shalom, né quanta forza genererà la sua fede nel perdono. Non può che sperare e cercare i mezzi per farcela. Cerca di fornire ai suoi bambini un ambito esterno che permetta loro di costruirsi un futuro, per prima cosa mandandoli a scuola, al liceo o all'università. Nel 1984 l'insegnamento viene laicizzato, mentre prima era in gran parte assicurato dalle congregazioni religiose che avevano creato le scuole. Secondo Maggy, questa mutazione troppo rapida (motivata in realtà dalla segregazione etnica) provoca un abbassamento della qualità dell'educazione.

Tutti i bambini della Maison Shalom sono scolarizzati. È un punto essenziale per Maggy, nonostante le delusioni a cui possono andare incontro a scuola. «Un giorno, i settantacinque bambini sono tutti tornati in anticipo. Non hanno detto perché. Nei loro occhi c'era la vergogna. Poi uno di loro è venuto da me. Mi ha raccontato che la maestra aveva picchiato il fratellino di Justine sulla testa con il taglio della mano, dicendogli che il 24 ottobre avrebbero dovuto dargli un decimo colpo di machete. Loro non hanno detto niente, si sono alzati tutti e sono andati via.»

La Maison Shalom si fa carico anche delle spese scolastiche di molti bambini reinseriti o provenienti da famiglie povere. I giovani che vogliono andare all'università hanno la possibilità di farlo; purtroppo spesso gli studi universitari devono essere interrotti, perché i ragazzi e le ragazze sono obbligati a fare il servizio militare. Da un punto di vista legale hanno il diritto di rifiutare ma, in tal caso, l'istruzione superiore gli è definitivamente preclusa. Alcuni dei ragazzi della Maison Shalom scelgono questa via. Maggy li iscrive alla nuova università di Ngozi, privata, cattolica e a pagamento, e apre una casa per ospitarli. Altri preferiscono lavorare. Comunque sia, cerca di offrire a tutti la possibilità di diventare autonomi.

«Non volevo che tutti questi giovani fossero attratti dai ribelli o andassero volontari nell'esercito. Poi mi sono messa in discussione e mi sono chiesta se per caso non li tenevo tutti vicino a me per egoismo. La dipendenza non favorisce la crescita. Quindi ho deciso di aiutare i giovani a volare con le proprie ali. Credo che bisogna dare a ciascuno l'occasione di incontrare se stesso. E poi, come dice il famoso proverbio: "Se dai un pesce a un uomo, il giorno dopo avrà fame, ma se gli insegni a pescare…".»

Autonomia è una delle parole chiave della Maison Shalom. Bisogna dare a questi ragazzi un mestiere, un'indipendenza perché possano essere liberi. Così Maggy allestisce una stalla per le capre, un panificio, un mulino per la manioca. Le prime attività, concepite secondo le consuetudini di Ruyigi, funzionano come una piccola cooperativa e con prezzi accessibili per la popolazione. Tanto più che, con l'embargo, il crollo del potere d'acquisto ha reso comune la corruzione. Gli impieghi nelle organizzazioni internazionali sono molto apprezzati. La guerra si è radicata in una certa forma di normalità perversa con la sua economia particolare e i suoi valori capovolti. A volte si può sentir dire: «Se la guerra finisce, perderò il lavoro…».

Di fronte a simili discorsi, Maggy risponde con atti chiari

e produttivi, non solo per i suoi bambini, ma anche per il resto della popolazione. «Non c'era niente di programmato. È l'avversità che ci insegna a destreggiarci. In quel periodo, la maggior parte delle ONG non poteva entrare a Ruyigi. Erano presenti solo quelle che fornivano un aiuto d'emergenza ed erano autorizzate a intervenire in zone di conflitto. Da molto tempo i programmi di cooperazione internazionale si erano interrotti. Eravamo completamente abbandonati a noi stessi. Allora abbiamo inventato.» Un po' per volta, Maggy non si accontenta più delle attività caratteristiche di Ruyigi e crea la prima *guest house*: una cosa mai vista nella provincia. Otto giovani della Maison Shalom, tutti stipendiati, assicurano il servizio di una ventina di coperti e la manutenzione di otto camere. A poco a poco, i venti coperti diventeranno ottanta e le camere passeranno da otto a tredici. Il bar entra immediatamente in funzione. La guerra continua, ma alle persone piace ritrovarsi alla fine della giornata attorno a una birra. Nel 2003 il governo cerca di chiudere i locali «per disobbedienza civile generalizzata e irreversibile»! Ma a Ruyigi, la *guest house* si impone come il primo simbolo di un ritorno alla vita: non chiuderà le sue porte. Nel 2004, Maggy apre un bar a Nyamutobo, a due chilometri dal centro. Quattro capanne circondate da un giardino, dove si beve birra e si mangiano spiedini sotto una lampada a petrolio. Il bar è diretto da ex prostitute malate di AIDS. Un'altra forma di ritorno alla vita.

Nel 1999, Ruyigi rimane comunque una piccola borgata dall'economia arcaica in una regione in guerra, con un'infrastruttura sanitaria al di sotto del minimo vitale, dipendente dagli aiuti alimentari, con una prigione sovrappopolata e delle colline devastate dal fuoco. In certi periodi, decine di migliaia di profughi si ritrovano lì del tutto separati dal resto del mondo. «A Ruyigi c'è talmente poco che ci vuole molto più tempo a elencare cosa manca» dicono.

La regione è una delle più toccate dalla guerra civile. Le retrovie dei ribelli burundesi in Tanzania passano quasi sistematicamente attorno a Ruyigi. I danni sono enormi: donne stuprate, centinaia di morti, scuole distrutte, villaggi devastati, il centro medico saccheggiato. È tutta la popolazione civile a essere presa in ostaggio. Capita che la Maison Shalom distribuisca scorte di cibo destinate agli orfani, mentre si aspettano quelle delle organizzazioni umanitarie che non possono raggiungere le "zone rosse", troppo rischiose. A volte il centro di Ruyigi viene bersagliato dalle granate, che devastano le abitazioni, in particolare la sede di Medici Senza Frontiere. Una sera, la farmacia viene saccheggiata appena prima del coprifuoco. Gli edifici della Maison Shalom sono risparmiati.

In generale, i ribelli hanno quasi sempre rispettato il lavoro di Maggy. Nel 2001, tuttavia, danno alle fiamme una delle tre macchine della Maison Shalom. Quel giorno, sette bambini vanno all'ospedale per delle cure. I ribelli li fermano, prendono i soldi destinati alle medicine e alle terapie, bevono il latte a cui hanno diritto i malati più gravi e incendiano il veicolo. Un'aggressione diretta che rimane un'eccezione, anche se la stessa Maggy si trova a dover affrontare la loro violenza, nel maggio 2002, sulla strada di Cankuzo. Gli assalitori bloccano l'auto, puntano le armi e ordinano a Maggy di uscire e di mettersi in ginocchio. Lei risponde con rabbia che si inginocchia solo davanti a Dio. Finiscono per lasciarla passare. Maggy non ha mai ceduto alle loro pressioni perché prenda la tessera del partito. Tutti coloro che lavorano alla Maison Shalom si sono confrontati, prima o poi, con un'aggressione che li ha costretti a fare dietrofront durante una missione.

Fino al 2004, la mancanza di sicurezza resta infatti il principale problema del Paese. Ogni negoziato di pace è preceduto da sanguinosi combattimenti tra i diversi partiti, ognuno desideroso di arrivare in forze al tavolo delle trattative. L'appartenenza etnica non è più l'unica posta in gioco dei conflitti. Le rivalità politiche, i tradimenti, le rappresaglie, i sospetti e la miseria frustrano le speranze di pace. Abbandonati a se stessi, alcuni giovani si trovano coinvolti nei conflitti più per disorientamento che per convinzione. Uno di loro incontra Maggy nel 2000. All'epoca fa parte delle milizie dei "sans échec". «Aveva un'arma, tremava. Gli ho detto: "Non puoi diventare un assassino, quelli che ti hanno dato un'arma ti sfruttano perché sei orfano. Non ce l'ho con te perché sei stato imbrogliato. Vieni da me. Ti iscriverò a scuola, imparerai un mestiere più nobile".» Anni dopo, il giovane racconta: «Ho incontrato questa signora apparentemente semplice e davvero umile nella fede, e abbiamo cominciato a discutere della mia vita. Ero in un periodo molto critico. Avevo appena perso i miei genitori e abbandonato gli studi. Frequentavo altri giovani che non avevano niente da fare, passavamo il nostro tempo a parlare, a discutere della situazione, a trafficare armi per proteggerci o per procurarci quello che volevamo. Il primo aiuto che offre questa madre è morale. Ha cominciato a farmi vedere come e quante volte la vita è fatta di realtà molto complesse, che bisogna sempre lottare, combattere fino alla fine. Lavora giorno e notte per garantire un'esistenza più che dignitosa ai suoi piccoli orfani. Questa nobile missione, che supera l'immaginazione, la rende felice e coraggiosa».

Nel 2000, per motivi di sicurezza e per proteggere i suoi bambini, Maggy decide di chiudere la Casa della Pace a Butezi. La tensione è al massimo. A volte Maggy piange al telefono e confessa che non ci capisce niente. Ma la sua lotta per i bambini la sostiene. Giocare, andare a scuola, festeggiare i compleanni in mezzo alla guerra civile: Maggy si ostina a voler preservare la loro parte di infanzia.

Alla Maison Shalom, la sistemazione dei bambini nelle case-famiglia ha permesso di accoglierne di più in sede. L'attività si allarga, ma anche il numero di orfani aumenta continuamente. E per Maggy i bambini non aspettano. La Maison Shalom decide allora di rendersi autonoma e, nel 2001, diventa una ONG burundese, apolitica e non confessionale. Più precisamente una Onlus, un'organizzazione senza fini di lucro, secondo quanto stabilisce una legge del 1992: la libertà di associazione in Burundi è molto recente.

L'assemblea generale è composta da ex ospiti della Maison Shalom divenuti autosufficienti. Lo statuto dell'associazione dà priorità all'inquadramento, all'educazione e al reinserimento degli orfani, qualunque sia il motivo della loro situazione: la guerra, l'AIDS... Una volta trasformatasi in ONG, la Maison Shalom beneficia di una recluta preziosa: Marie-Lucie. Questa donna, madre di quattro bambini, è stata per vent'anni perito contabile in un'azienda del caffè finanziata dal Fondo europeo per lo sviluppo e dalla Banca Mondiale. «Un regalo della Provvidenza» esclama Maggy. «La mia vecchissima amica Marie-Lucie è tornata! Mi ha aiutato fin dall'inizio. È stata lei a offrirmi il terreno su cui costruire la *guest house*, senza contare la parte del suo salario che mi versava ogni mese. Poi è venuta a darmi man forte per la contabilità, dedicandomi tutte le sere e i fine settimana. Infine, ha deciso di traslocare a Ruyigi per consacrarsi totalmente alla Maison Shalom. Che gioia averla al mio fianco! Abbiamo due caratteri opposti: io vado all'avventura, lei mi dà una calmata. Io non ho paura di indebitarmi, lei invece riflette a lungo prima di investire i soldi dei bambini.» Tanto testarda quanto efficiente, ispira fiducia ai bambini e agli interlocutori della Maison Shalom. L'hanno soprannominata "Pezza d'appoggio"!

Il suo rigore e le sue conoscenze permettono di gestire utilmente il nascente patrimonio, sia rispetto alle attività di autofinanziamento sia per quanto riguarda la giusta ripartizione tra gli orfani. «Come qualsiasi genitore» spiega Maggy, «voglio offrire ai bambini il massimo delle possibilità nella vita.»

Un postulato che ben presto attira su di lei le invidie. «All'inizio volevo che i bambini della Maison Shalom fossero sempre ben vestiti, che avessero delle buone scarpe e fossero puliti, ma ho capito in fretta il mio errore. I miei bambini sono stati mostrati a dito. Ho addirittura sentito dei piccoli burundesi dire ai loro genitori: "Quand'è che morirete e potrò andare da Maggy?". Era il mondo alla rovescia! In tutte le società esistono differenze materiali, ma bisogna stare attenti a non essere troppo arroganti, pur rispettando se stessi. Molti si sono sbagliati sul senso della povertà nella religione. Dio non vuole la miseria. Non bisogna accontentarsene, non bisogna essere un popolo di assistiti.»

Rendendosi conto dei rischi dell'invidia, Maggy vigila costantemente sull'equità, rifiutando di favorire gli uni a svantaggio degli altri e integrando sistematicamente in ogni progetto la gente del vicinato. «Se si aiutano gli orfani senza condividere, si creano frustrazioni e nuovi conflitti. Ho ricevuto doni da tutta l'Europa, eppure gli europei non sono miei cugini! Come non condividere tutta questa gratuità così generosa di Dio? La mia cucina è aperta a tutti, perché la mia cucina non è la mia cucina. Certo bisogna vigilare perché gli aiuti vadano proprio ai più poveri e non ai più abili o ai più furbi. La casa è aperta a quelli che ne hanno più bisogno. Se si fa arrivare l'acqua in un certo posto, è evidente che tutti devono poterne usufruire. Bisogna essere attenti all'altro, ai suoi bisogni, e agire sempre per elevarlo.»

Forte del suo nuovo statuto e di una contabilità rigorosa e trasparente, la Maison Shalom si dota di nuovi mezzi per migliorare le sue capacità d'azione, mirando soprattutto a renderle durature. Gli interlocutori si impegnano in programmi più lunghi. Anche lo Stato porta il suo contributo, esentando la Maison Shalom da ogni tassa, comprese quelle sui prodotti d'importazione. Il conseguimento di premi internazionali fa affluire fondi non previsti che permettono il lancio di programmi in favore dei più bisognosi.

Ma i primi passi della ONG Maison Shalom sono rallentati dagli incessanti andirivieni tra Ruyigi e Bujumbura, dove ha sede la banca! A Ruyigi non ci sono agenzie. Le imprese bancarie hanno pensato di insediarvisi, ma non hanno trovato nessuno che investisse nella costruzione di un edificio. Quando Maggy cerca di rilanciare il progetto, i suoi interlocutori le ridono in faccia: «Perché dovremmo andare a Ruyigi? Per quali clienti? La vostra è una delle regioni più povere e più pericolose del Paese». Una banca accetta finalmente di investire, a condizione che Maggy fornisca i locali. Lei decide di costruirli. La Maison Shalom chiede in prestito i soldi necessari a un tasso esorbitante (21% all'anno) ma comune in Burundi. Fortunatamente, nel giugno del 2000, il premio internazionale della città di Eichstätt, integrato da una donazione, permette alla Maison Shalom di rimborsare il proprio debito.

Sono tante le storie di ritorno alla vita, di salvezza, di speranza.

Un giorno, un uomo segnala a Maggy due gemelline abbandonate nella boscaglia. Sono appena nate, dice, la loro madre è scomparsa. Maggy ricostruisce un po' per volta il puzzle della loro storia. La madre, domestica in una casa da quando aveva undici anni, è stata violentata a diciotto. Rimasta sola, ha partorito le sue bambine nella savana, poi è scappata da suo fratello. Maggy la ritrova in prigione, sotto processo per tentato infanticidio. Rischia venticinque anni di reclusione. Maggy interviene. A coloro che accusano la donna di essere una criminale, lei ribatte: «E voi cosa avete fatto il 24 ottobre al vescovado? La porto via con me, se ne starà in libertà provvisoria alla Maison Shalom». La giovane entrerà nella Maison Shalom per occuparsi delle sue due bambine e diventerà educatrice.

Modeste ha nove anni quando nel 1998 arriva alla Maison Shalom. Ne dimostra appena sei. La rappresentante di una ONG americana l'ha portata da Maggy insieme a una decina di altri bambini di tutte le età. I più piccoli sono sdraiati in scatole di cartone, raggomitolati su se stessi, in agonia. «Erano quasi nudi, affamati, lungo la via non erano stati vestiti né nutriti.» La ragione appare subito evidente a Maggy: tutti quegli orfani sono twa, l'etnia più miserabile del Paese, disprezzata sia dagli hutu sia dai tutsi.

«Li prende lo stesso?» chiede la donna. Quel "lo stesso" sconcerta Maggy: e così quei bambini non sarebbero "recuperabili" nemmeno agli occhi di un operatore umanitario?

«Anche se fossero americani, olandesi o belgi... li prenderei» risponde.

Dieci minuti dopo, la macchina riparte. I bambini non hanno alcun documento e le poche indicazioni che sono state trasmesse circa la loro identità, durante la ricerca delle famiglie si riveleranno false. Modeste ha ricevuto nove colpi di machete alla testa e le sue mani sono talmente rovinate che non può più usarle. Senza sapere ancora come potrà curarla, Maggy la accoglie e confida nella Provvidenza. A buon diritto. Thierry Nutchey è appena arrivato in Burundi per girare un reportage. Il quarantacinquenne cineasta autodidatta conosce bene l'Africa: vi ha soggiornato diverse volte tra il 1979 e il 1984. Tornerà nel 1999 per una serie di documentari sul Burundi, poi di nuovo nel 2000 per un film più lungo, interamente dedicato al lavoro di Maggy. È in questa occasione che filma Modeste. *L'armée des anges* (L'esercito degli angeli) viene trasmesso dalla televisione italiana. Una donna, sconvolta, si mette in testa di salvare la bambina. Modeste vola in Europa.

Dice Maggy: «Vorrei che ciascuno dei ragazzi si ponesse questa domanda: "Io, Modeste, Dieudonné, Gloriose, Bosco o Chloé, cosa posso fare per il mio Paese?". E che la loro risposta fosse: "Per prima cosa diventare me stesso". Altrimenti è la mediocrità».

Riuscire a far scoprire a ciascuno la propria responsabilità, il proprio compito, aiutare ognuno a conoscersi e a prendere coscienza: sono queste le linee guida della sua azione. «Vorrei che ognuno si risvegliasse.» Un risveglio che passa attraverso la conoscenza dell'altro e del mondo. Thierry Nutchey, che ha giocato un ruolo così importante nel salvataggio di Modeste, avrà una parte essenziale anche in questo lavoro di ricostruzione umana.

Quando va a Parigi, Maggy lo incontra regolarmente. Una sera, lui la porta a vedere il film di Wong Kar-wai *In the mood for love*. Sono quindici anni che Maggy non mette piede in una sala cinematografica. Ne esce abbagliata e comincia a sognare per scherzo: immagina come sarebbero fortunati i bambini di Ruyigi se potessero vedere qualcos'altro rispetto alla guerra, all'AIDS, alla desolazione. Un cinema? Evocano l'idea come un sogno, una follia, ma nessuno dei due ci pensa seriamente. In tutto il Burundi esiste un'unica sala e si trova a Bujumbura.

Passano alcune settimane. Maggy è tornata nel suo Paese,

Thierry continua la sua vita. Ma l'idea si fa strada in loro. «Una persona» dice Maggy, «non è solo un corpo ma anche uno spirito. La qualità dei nostri sogni è così importante! Il Burundi è un Paese circondato e in guerra, Ruyigi è incuneata nel Burundi. Offrire delle immagini ai bambini perché scoprano ciò che vive vicino a loro... ci pensa?» Una sera, Thierry le telefona: «Facciamolo» le dice. A partire dal 2001, un'incredibile avventura ha inizio.

«Ho costituito un'associazione a Parigi» racconta Thierry Nutchey, «Le Cinéma des Anges (Il Cinema degli Angeli). Poi mi sono rivolto al mio ambiente, ai produttori, agli enti. Ho bussato a tutte le porte. Il CNC (Centro Nazionale di Cinematografia) e la Fondation de France ci hanno sostenuto. Diverse società hanno fornito materiale. Non sono mancate le difficoltà, le disillusioni, ma anche le belle sorprese, che hanno compensato la meschinità incontrata a Bujumbura e altrove, da parte di certi privilegiati che ci hanno detto: "Un cinema a Ruyigi, è fin troppo bello!". Per Maggy, il cinema coronava tutto il suo lavoro in favore dei bambini. Aveva capito che curare e nutrire non era sufficiente. Tanto più a Ruyigi, dove i bambini si trovano presi in mezzo tra l'esercito e i ribelli. Non hanno nessun altro modello, e a casa hanno fame. Saluto l'opera di Maggy, la lettura particolarmente lucida che ha fatto della situazione burundese. È l'unica che ha osato guardare più lontano, l'unica che si è permessa di costruire un cinema sotto le bombe perché sa da molto tempo che il diritto al sogno, il diritto alla cultura sono assolutamente indispensabili. L'Unicef ci ha seguiti anche su questo aspetto del progetto. A un bambino non basta dare un tetto, dei vestiti e del cibo. Bisogna anche nutrire il suo spirito e il suo cuore. Grazie alla sua intelligenza, Maggy lo ha capito.»

Dal canto suo, la Maison Shalom ottiene fondi dall'Unicef e dalla Caritas tedesca. Anche l'ambasciata tedesca fa una donazione e fornisce i materiali da costruzione.

Maggy compra un terreno nel centro di Ruyigi, su cui sorgono le rovine di un albergo saccheggiato e distrutto ancora prima di aver aperto i battenti. È a due passi dal mercato e molto vicino a un accampamento dell'esercito. La posizione sembra propizia. Il terreno è pieno di rovi, il cantiere enorme: due anni di lavoro e molte pratiche burocratiche.

Nella notte tra il 16 e il 17 aprile 2002, alla vigilia dell'inaugurazione, un bombardamento distrugge i piloni dell'elettricità della zona. Al mattino scoppia un temporale. Ma di scoraggiarsi non se ne parla. Il cinema viene inaugurato sotto delle colonne d'acqua e tutti aspettano con impazienza il ritorno della corrente, che verrà ripristinata solo quarantotto ore dopo. Il primo film è per i bambini: *Kirikù e la strega Karabà* di Michel Ocelot viene proiettato su grande schermo. Seguono *Romeo + Giulietta* di Baz Luhrmann e *Little Senegal* di Rachid Bouchareb. Ogni volta, la sala del cinema è piena.

«Si è parlato di cinema umanitario, di cinema terapeutico... Sì, tutto questo è importante» spiega Thierry. «Per esempio avremmo potuto fargli vedere dei film su Gandhi, dei film che propongono una riflessione sul senso della pace e della speranza. Ma quando ho parlato con i bambini del posto, ho sentito che ci voleva una dimensione supplementare, più sottile. Un gruppetto dei più grandi era già stato al cinema. Avevano visto *Romeo + Giulietta* a Bujumbura. Nei Capuleti e nei Montecchi avevano riconosciuto gli hutu e i tutsi. Era passato un messaggio autentico. L'odio tra le famiglie non era necessariamente destinato a perpetuarsi e l'amore tra un uomo e una donna era nell'ordine del possibile. E mi chiedevano proprio quel film.»

In un Paese in cui il rapporto amoroso è quasi inesistente, in cui le relazioni tra uomini e donne sono arcaiche, quella richiesta dei giovani era già in se stessa portatrice di speranza.

«Nella nostra cultura» spiega Maggy, «l'uomo arriva a casa senza neanche salutare, e le donne lo trovano normale! Mi viene voglia di scuoterli: "Zio, perché rientri arrabbiato a casa tua? Perché non ti ho mai sentito chiamare 'cara' tua moglie?". L'uomo si mostra molto gentile e cortese con i suoi amici al bar, ma quando rientra a casa, cambia da così a così. È un male culturale. Vorrei che le persone fossero più tenere tra loro, ma non è facile quando non c'è nessuno spazio di intimità.» Maggy sogna per i suoi bambini una vita adulta piena, completa. Si arrabbia, quando una ragazza le dice: «Non mi sposerò, voglio fare come te». «Io non sono un modello, a che serve che lei realizzi i miei sogni? Sono i suoi che deve realizzare, e c'è una sola guida per questo, il suo cuore. Essere felici in coppia è così importante. Le pene d'amore producono vere e proprie devastazioni. La frustrazione risveglia violenze terribili, che si giochino dentro o fuori casa. Da noi le violenze coniugali sono ancora un argomento tabù e vengono esercitate allo stesso modo dagli uomini e dalle donne.» Maggy non si è sposata. «Credo che certe scelte non si spieghino nel momento in cui le si fa. Trovano il loro significato più tardi, quando, con maggior distacco, si getta uno sguardo più ampio sulla vita e se ne comprende la coerenza. Oggi il mio celibato corrisponde al mio desiderio di essere interamente a servizio della mia missione.»

A volte il Cinema degli Angeli si trasforma in un teatro, dove i bambini mettono in scena piccole storie di vita quotidiana per meglio denunciarne, attraverso il riso, l'assurdità o l'angoscia. «Il mio sogno» dice Maggy, «è di riuscire a mostrare tutti i difetti della società burundese attraverso l'umorismo.» Anche l'AIDS è uno dei temi forti affrontati a teatro, grazie al coinvolgimento e alla dedizione di Gentil. Ha vent'anni e i suoi genitori sono morti di AIDS; colpito a sua volta dalla malattia, ha scelto di dedicare la propria vita all'informazione e alla prevenzione. Scrive i testi che mette in scena con una ventina di amici della sua età. «Maggy mi dà l'attenzione e le cure di una mamma. Per il momento sto bene. Metto in scena quello che ho nel cuore. Voglio avvertire gli altri perché evitino i comportamenti a rischio. Voglio impedire loro di morire di AIDS.»

Maggy, che ha sempre amato il teatro, riscopre così una passione di gioventù. I suoi amici di più vecchia data si ricordano di lei all'epoca degli studi. «Maggy era considerata la nostra migliore attrice, sia nel repertorio tragico sia in quello comico. A seconda dei ruoli che interpretava, si vedeva affibbiare ogni sorta di soprannome: la Parigina, la Cittadina, Muringanira o Shrakandi, la Marchesa... Poteva passare dal ruolo della pazza a quello della principessa senza difficoltà. Nel corso delle serate, imitava le vecchie contadine o i professori e tutti morivano dal ridere.» Ancora oggi le capita di ottenere qualche particina.

Con le rappresentazioni di Gentil, il teatro fa regolarmente il tutto esaurito. Ogni tanto, la compagnia si esibisce fuori dalla regione di Ruyigi, in diverse province del Burundi.

Il Cinema degli Angeli diventa progressivamente il cuore di una struttura più vasta, che prende il nome di Città degli Angeli. Vi apre le porte un laboratorio di informatica, l'@telier degli Angeli, che mira a schiudere una nuova finestra sul mondo per i giovani di Ruyigi. Per il momento, funziona con qualche vecchio computer che permette un uso dei software di base, ma non dispone di connessione Internet né di computer abbastanza potenti da poter permettere l'apprendimento e l'uso delle tecnologie multimediali. Un ragazzo è andato in Francia, a Marne-la-Vallée, per uno stage di formazione in uno IUT[1] in cui insegna un'amica della Maison Shalom. È tornato con alcuni cd-rom realizzati dagli studenti francesi per cercare di iniziare i giovani burundesi, ma non ci si improvvisa pedagoghi dall'oggi al domani e la carenza di materiale fa crudelmente difetto. Maggy non sa ancora come finanziare l'acquisto di un'antenna satellitare e di computer *ad hoc*, ma è fiduciosa. La posta in gioco in effetti è alta, per dei giovani cresciuti in un Paese in guerra, circondato, dove la mancanza di apertura, di comunicazione e di creatività hanno funzionato come fattori aggravanti e l'iniziativa personale non è mai stata valorizzata.

L'@telier degli Angeli gestisce anche il giornale dei ragazzi della Maison Shalom. Otto pagine su cui ciascuno è invitato a scrivere. Se in Burundi tutti hanno sentito parlare di Maggy, sulle colline l'azione della Maison Shalom è meno conosciuta. Il giornale permetterà quindi di darle maggior diffusione e fornirà l'occasione per imparare a curare un testo.

Ma la Città degli Angeli è anche una biblioteca, una sala di ricevimento, una bottega artigiana, un salone di parrucchiere, un laboratorio di cucito e una piscina. Altrettanti modi di curare i traumi dei bambini e di aprire loro una porta su un altro mondo.

1 Istituto Universitario di Tecnologia [*N.d.T.*].

Capitolo 11
L'EDUCAZIONE ALLA PACE

Nonostante nel novembre 2003 sia stata ufficialmente proclamata la pace, la guerra è sempre viva nei ricordi. Ma Maggy nella pace non ha mai smesso di credere: non come una grazia che si sarebbe posata sul Paese dall'oggi al domani, ma come un lavoro da compiere ogni giorno per aiutare una nuova generazione a emergere. Non ignora le difficoltà che la aspettano, né le nuove sfide che dovrà raccogliere.

«In tempo di pace, bisogna trovare un altro ritmo, in cui ognuno deve ricostruire la propria intimità e la propria vita privata. L'evoluzione dello spirito è più lenta della guarigione delle ferite fisiche o dei traumi materiali. Abbiamo dovuto salvare esseri umani, bambini in pericolo, lottare per la sopravvivenza. Questo non ci ha impedito di vivere.»

Per Maggy, la pace è molto più che la fine della guerra e la scomparsa di tutte le sue catastrofiche conseguenze: miseria, violazione dei diritti umani... La pace è un Paese democratico, responsabile e autonomo. Maggy valuta in più di vent'anni il tempo necessario per costruirne le fondamenta. Vent'anni per migliorare le condizioni di vita, per far emergere un'economia valida e dare a ognuno il suo posto. Vent'anni per guarire le ferite profonde e disinnescare la vendetta, per trovare soluzioni efficaci di prevenzione e cura dell'AIDS. Sfide che oltrepassano ampiamente l'ambito della

Maison Shalom, ma alle quali anch'essa dovrà far fronte. Tanto più che la maggior parte degli aiuti che le sono stati concessi finora provenivano dagli stanziamenti per gli aiuti d'emergenza. «Le guerre e le catastrofi naturali hanno indotto i finanziatori a dotarsi di strutture efficaci per rispondere molto rapidamente a situazioni estreme. È sempre più facile reagire che prevedere» osserva Christoph.

La transizione da un'economia di guerra a un'economia di pace non risparmierà la Maison Shalom. Maggy lo sa e piano piano organizza questa necessaria trasformazione.

«Dobbiamo uscire accresciuti dall'aver attraversato simili prove. Siamo stati tenuti in disparte da un certo tipo di modernità e dobbiamo considerarlo una fortuna. Abbiamo un terreno favorevole per pensare in termini di sviluppo duraturo, piccola economia locale di mercato. Dobbiamo essere creativi.» Davanti alle sue colline, che ha conosciuto boscose, si mette a sognare: «Basterebbe affidare a ogni bambino della Maison Shalom cinque alberi, perché li pianti e se ne prenda cura, e le colline sarebbero di nuovo verdi...».

Nel maggio 2004, la sede della Maison Shalom si trasferisce nel centro di Ruyigi. Sono in corso lavori su tre ettari, Maggy ha in programma un certo numero di strutture che permettano di fronteggiare le emergenze. Due grandi *homes* accolgono le persone bisognose di passaggio a Ruyigi, così come quelli che accompagnano un parente all'ospedale o chi viene respinto dalla propria famiglia a causa della malattia. Un frutteto e un orto assicurano una parte del sostentamento della casa madre. Un luogo di raccoglimento interconfessionale contiguo all'ospedale sarà presto accessibile ai malati. Le rimesse, i depositi per le scorte e gli uffici del personale assicureranno all'insieme una coerenza per l'avvenire.

A Rutana e a Cankuzo hanno aperto i battenti due filiali della Maison Shalom, ognuna delle quali impiega dieci salariati. Assistenti sociali, psicologi e infermiere lavorano a stretto contatto con la popolazione e sostengono le iniziative locali. A Cankuzo è nata un'associazione per gli handicappati che ha creato una vera e propria rete di mutua assistenza. Maggy non nasconde il suo entusiasmo: «È bello, si sono organizzati da soli, hanno avuto bisogno solo di una piccola spinta». Messa a disposizione di un laboratorio, salario dell'educatrice, acquisto di materiale per le attività, macchine da cucire: la Maison Shalom partecipa a tutto. Cinquanta persone beneficiano di questo sostegno.

A Ruyigi, ormai, lo staff si riunisce ogni mattina alle 9. Dalle otto alle dieci persone si ritrovano quotidianamente a seconda dell'ordine del giorno: la cura dei bambini, l'arrivo di nuovi ospiti, la pianificazione delle missioni, il coordinamento con le nuove filiali della Maison Shalom e lo studio dei problemi del momento – il furto di un gran numero di patate germogliate, la cattiva gestione dei rifiuti del bar di Nyamutobo...

Oggi centoventi persone animano la rete della Maison Shalom. Grazie alla sua esperienza lavorativa al BDD e al rigore di Marie-Lucie, Maggy è diventata più abile nella gestione dei progetti. Il rapporto investimenti/risultati della Maison Shalom è perfettamente ottimizzato, come possono constatare i finanziatori. Le garanzie di fiducia concesse in totale trasparenza sono indispensabili, tenuto conto del carattere atipico di Maggy. «Il tempo di finire l'analisi di una pratica» dice Christoph, «e lei vi richiama per aggiustare le cifre. È infernale ma bello venire travolti così.»

Chiunque sia il suo interlocutore, Maggy parla come vuole, con una testardaggine che alcuni temono. Quanti dei finanziamenti concessi sono dovuti all'esasperazione dei suoi referenti? In tempo di guerra, questa rabbia ha fatto miracoli: «Quando si vede quello che una donna è capace di fare per tanti bambini, si capisce che l'Africa non è perduta» ha dichiarato Kofi Annan, segretario generale delle Nazioni Unite. Ma in tempo di pace gli interlocutori non sono più gli stessi, i programmi d'emergenza si trasformano, la sicurezza permette e implica una pianificazione più a lungo termine. Anche se Maggy è pronta ad adattarsi alle circostanze, non dimentica mai che si tratta innanzitutto della vita e non esita ad arrabbiarsi di fronte alla globalizzazione dei programmi umanitari: «Come volete che faccia a sapere quanti bambini dovrò accogliere? Pensate che rifiuterò un bambino perché il loro numero avrà superato il tetto previsto? Gli esseri umani non sono dati statistici! Nei vostri indicatori manca la voce "cuore"».

Non sopporta neanche la "riunionite" che troppo spesso si impadronisce degli enti sociali e umanitari. In occasione di un seminario sui bambini di strada in un albergo di Bujumbura, si eclissa per un attimo e torna accompagnata da bambini senza casa, a cui offre di condividere il rinfresco. Questa audacia non piace a tutti.

Tanto più che non esita a denunciare la dismisura delle cifre, l'incoerenza delle politiche internazionali che fanno piombare nell'inumanità milioni di persone. «Durante una riunione, le cifre della Banca Mondiale relative al Burundi sono state enunciate freddamente: 1% di ricchi, 7% di nonpoveri, 40% di poveri, 52% di poverissimi! Ma io non mi stancherò mai di stancare coloro che hanno i mezzi perché me li diano. Quando torno, dopo essere stata in Europa, vedo i bambini e so che vale la pena di faticare.»

A poco a poco i bambini sono diventati uomini e donne. Secondo Maggy, le donne hanno una grande responsabilità per quanto riguarda la pace. «Ogni volta che si uccide, si uccide il frutto del loro ventre. La donna protegge la vita in Burundi, è lei la responsabile della famiglia e dell'educazione dei bambini. La donna è stata creata per dare la vita, per proteggerla e abbellirla.»

Il ritmo delle nascite resta sempre molto elevato. La crescita demografica, problematica già prima della guerra, lo è ancora oggi. La sovrappopolazione delle colline è stata addirittura analizzata come un fattore di inasprimento dei conflitti. Paradossalmente, il Paese soffre di un tasso troppo elevato di natalità e di mortalità. Il tasso di mortalità infantile, il 19%, è uno dei più alti del mondo. Tra la guerra e l'AIDS, famiglie di otto bambini possono scomparire completamente prima di raggiungere l'età adulta. Per tradizione, un figlio deve onorare la memoria dei genitori, garantendo così ai defunti la tranquillità dell'anima. Perciò i genitori, angosciati perché i discendenti muoiono prima di loro, procreano di più. «Il modo migliore di ridurre le nascite è migliorare le condizioni di vita. Se le donne fossero sicure di veder crescere i propri figli, sarebbero contente di averne solo due o tre. Questo permetterebbe loro di concedergli più attenzione. Qui i bambini crescono come l'erba selvatica. Le donne sono aperte a questa evoluzione della mentalità. Sono loro che portano la vita in grembo e che la rischiano quando partoriscono.»

In Burundi, solo il 30% delle donne partorisce con assistenza medica, il 25% con una levatrice e il 45% in famiglia. Una donna su dodici rischia di morire di parto.

Una mamma non ha retto al parto della sua bambina. La neonata non ha ancora ventiquattro ore di vita e suo padre trema tenendola tra le braccia. È venuto insieme a sua madre da Gitega, nella speranza di trovare aiuto alla Maison Shalom. Il parto ha avuto luogo in casa, in cattive condizioni, perché la famiglia abita troppo lontano dall'ospedale più vicino. La giovane è morta mentre ve la stavano portando, all'ultimo momento. Era il suo primo bambino. La piccola ha preso un po' di latte di mucca, ma nessuno può occuparsi di lei e il papà è smarrito. Maggy posa su quel ragazzo così giovane uno sguardo pieno di compassione. È lei che proporrà di chiamarla Christel, visto che al padre non è ancora venuto in mente di darle un nome. La bambina sembra in buona salute. Alla Maison Shalom è stata vestita e nutrita. Bibi ha registrato il suo dossier ma non può fare a meno di ribellarsi. «È davvero troppo ingiusto: guardando questa bambina è evidente che la madre era in buona salute! Com'è possibile che si muoia ancora nel dare la vita!»

La Maison Shalom ha deciso di tenere Christel fino a quando avrà due anni. I nonni e il padre, di etnia twa, hanno promesso di venirla a trovare il più spesso possibile.

Alcuni casi dolorosi, in cui i bambini non ricevevano le cure indispensabili, hanno convinto la Maison Shalom a farsi carico dei neonati. «All'inizio, in caso di decesso della madre, pensavamo fosse meglio lasciare il bambino alla famiglia, vicino al papà, con delle donne nelle immediate vicinanze che potessero assicurare il latte. Ma le condizioni igieniche sono tali da mettere in pericolo la vita del bambino.»

Dopo il trasloco della Maison Shalom, nel maggio del 2004, le educatrici si sono distribuite con i bambini tra i villaggi, in mezzo agli altri loro fratelli. Maggy ha deciso così in opposizione a una parte del suo gruppo. «È meno razionale ma molto più umano.» Bibi ha finito per riconoscere che i bambini stavano meglio e si ammalavano molto meno spesso. Ogni educatrice sistema la sua casa come vuole per allevare i tre o quattro bambini che le sono affidati: un modo di responsabilizzarle e di prepararle alla loro vita di future mamme.

Così, una volta constatata la vulnerabilità della sua famiglia, Christel verrà sistemata nel villaggio di Rutimbura, a tre chilometri dal centro, sulla strada che porta a Gitega. L'educatrice è molto energica, la piccola si troverà bene. Questa donna di ventidue anni si occupa di tre neonati e condivide la sua casa con un'altra educatrice che a sua volta tiene tre bambini, così ci sono sei bambini in tutto. Naturalmente non ci sono i pannolini... Le educatrici passano buona parte della giornata a fare il bucato.

Bibi passa a informarsi, si siede, guarda i neonati come faceva nella casa in cui una volta viveva Maggy. Anche lei oggi abita in una casa singola con i suoi sette bambini. I cinque di cui, dal 1997, aveva perso le tracce nello Zaire sono tornati uno dopo l'altro. Vivono finalmente riuniti a Ruyigi insieme ad altri due bambini che lei ha accolto, tra cui il piccolo Dieudonné. «Ha un'energia incredibile, è il più giovane a suonare il tamburo. Gli piace esibirsi quando ne ha l'occasione. È un ragazzo speciale, di una vitalità straordinaria.»

Proprio come Bibi, Justine ha spontaneamente preso con sé tre bambini, oltre ai fratelli e alle sorelle, provenienti dal suo gruppo familiare. In un'altra casa, oltre alla madre handicappata e ai suoi tre bambini, una giovane donna ha deciso di accoglierne altri quattordici. Figlia unica, ha passato l'infanzia per le strade di Ruyigi a chiedere l'elemosina, poi si è prostituita. Oggi ha voltato pagina. Alla Maison Shalom, dove lavora, si considera come la sorella maggiore dei bambini di strada.

Questo metodo di reinserimento è raccomandato dall'Unicef come il più efficace, nel momento in cui il numero degli orfani non smette di crescere: nel 2004 in Burundi erano settecentomila.

La Maison Shalom è finalmente riuscita a ritrovare la famiglia di Modeste che, dopo essere stata affidata a Maggy, è stata curata e adottata in Italia. Sua madre è morta, ma suo padre e i suoi fratelli sono vivi. Nell'agosto del 2004, Modeste è quindi tornata dall'Italia per l'estate. Dopo anni di separazione, ha potuto per la prima volta abbracciare i suoi. Desidera passare qualche giorno con loro. Maggy, per prudenza, autorizzerà una sola notte. A cosa pensa questa ragazzina di quindici anni, che adesso vive in Italia, mentre cammina attraverso i campi di grano, gli eucalipti e i banani? A che cosa pensa, nel rivedere la foresta della Kibira dove nel 1993 è saltata su una mina? Allora era solo una bambina che andava a cercare legna. A causa delle sue ferite, la famiglia era partita per la piccola città di Bubanza per farla ricoverare. Suo fratello maggiore ha attraversato tutta la foresta portandola in spalla. È stata curata, ma cinque anni dopo, nel 1998, durante un attacco, è stata ferita a colpi di machete sulla testa, sulle braccia e sulle mani.

Modeste abbraccia suo padre, le sorelle, i vicini, entra nella capanna di paglia e sistema le sue cose. Forse ritrova i suoi vecchi gesti di bambina davanti alle tre pietre che formano il focolare. Ci sono due o tre stuoie, alcuni bidoni, nessuna finestra o caminetto. Il fumo esce alla meno peggio attraverso la paglia. Il primo posto dove si può attingere acqua è a due chilometri. Suo padre ha cominciato a costruire una casa di mattoni.

Modeste ritrova la luce del bananeto in cui è cresciuta, la terra familiare su cui la sua stirpe è vissuta. È piena di gioia. «Come è bella adesso!» esclama ammirata Maggy. «Canta, è gentile, ha imparato l'italiano! Dopo quattro anni passati in Europa, ha un po' dimenticato il kirundi... Vuole studiare per diventare infermiera. Le sue mani la tormentano ancora, ma potrà superare il suo handicap. Una volta che avrà finito gli studi, vorrebbe tornare in Burundi per occuparsi di un centro sanitario sulle colline dove vivono i twa.»

Un'attenzione particolare viene rivolta anche alla rieducazione dei giovani che sono stati bambini soldato, reclutati per fare la guerra fin dalla più tenera età. Nel 2004 si stimava che fossero settemila. «Sono stati privati della prima tenerezza. Hanno molti più bisogni degli altri giovani. La loro principale difficoltà sta nel fatto che hanno perso la fiducia nei confronti degli adulti. Se non ci prendiamo cura di loro, questi ragazzi diventeranno una vera e propria bomba a scoppio ritardato. Ma lo sguardo può guarire. Io non li guardo come dei piccoli criminali. Si possono aiutare dando loro delle responsabilità che li rendano autonomi.»

È ciò a cui mira il progetto di autofficina sovvenzionato per tre anni dalla cooperazione del Lussemburgo. Il garage è stato voluto soprattutto per loro, perché possano seguire un tirocinio adatto alla situazione. Alcuni non hanno mai messo piede a scuola e non possono, in queste condizioni, integrare il sistema educativo classico. Installato accanto alla Città degli Angeli, sulla piazza del mercato centrale di Ruyigi, il garage, con le sue due pompe di benzina, offre piccoli servizi alla clientela. Il materiale di Jean-Pierre completa efficacemente il programma previsto all'inizio. Ex meccanico di Châlons, nell'Est della Francia, in pensione da tre anni, Jean-Pierre ha deciso di regalare tutto il suo vecchio garage alla Maison Shalom. L'idea gli è venuta dopo lunghi anni di volontariato, durante i quali raramente ha potuto valutare con tanta immediatezza le conseguenze delle sue azioni. Jean-Pierre ha un ottimo rapporto con i giovani ed è felice di trasmettere loro il suo sapere. Lo chiamano *mutama*, il vecchio saggio. È venuto in Burundi nell'agosto

2004, e nell'aprile 2005, ha preso parte all'organizzazione dei corsi teorici e pratici. Tornerà a Ruyigi, è certo. Nell'attesa, segue l'evoluzione del progetto dalla Francia e si dà da fare per trovare biciclette, cassette degli attrezzi, pezzi di ricambio, automobili…, per riempire il prossimo container.

Complessivamente, nell'ottobre 2004, un anno dopo il cessate il fuoco, la reintegrazione degli ex combattenti all'interno del tessuto sociale è una vera e propria sfida. Molti di loro aspettano ancora nei campi di raccolta[1]. A Karindo, a est di Ruyigi, sono seimila gli ex ribelli in attesa. Il campo è costituito da costruzioni in legno e paglia molto rudimentali, suddivise in vari gruppi. La popolazione riceve un po' di riso e di fagioli. La giornata è scandita da esercizi e lavori collettivi, a volte da giochi o attività sportive. Sulle colline di fronte si trovano i loro compatrioti dell'esercito burundese. Un tempo nemici, adesso devono imparare a convivere. Come gesto di riconciliazione, il governo ha organizzato un torneo di calcio tra loro e la popolazione del campo. È l'unica iniziativa di questo tipo da parte del potere ufficiale. Da mesi gli uni e gli altri aspettano che si decida finalmente della loro sorte. Alcuni si uniranno all'esercito regolare, altri faranno ritorno alla vita sociale. Ma dopo dieci anni di guerra passati a combattere nella savana, quale struttura riuscirà a offrire loro un reinserimento efficace?

La Maison Shalom cerca di dare sostegno ai più poveri, in particolare ai bambini trovati nei dintorni del campo o nati al suo interno. Gli ex ribelli, infatti, annoverano nelle loro file una percentuale consistente di ragazze. Nonostante il regolamento vieti ogni relazione sessuale, alcune di loro si ritrovano incinte e nascondono il loro stato finché possono. La Maison Shalom vuole sviluppare un programma speci-

1 I campi chiudono i battenti man mano che avviene il reinserimento sociale.

fico per queste ragazze. Non solo hanno vissuto la violenza della guerra, ma si sono distaccate sia dalla loro femminilità sia dal loro ruolo materno di protezione. In attesa di potersi fare carico di queste ragazze, la Maison Shalom si occupa dei loro bambini. Ne sono stati raccolti venti.

Numerosi programmi nazionali e internazionali cercano di agevolare l'integrazione degli ex combattenti, uomini, donne o bambini, nella vita civile. Maggy sa che bisognerà vigilare su quelli che non riusciranno in questa delicata transizione.

Anche i bambini di strada sono sempre piuttosto mal integrati nel tessuto sociale. È una realtà con cui la Maison Shalom deve fare i conti. «Un giorno,» racconta Maggy, «tutto un gruppo di bambini mi seguiva per le strade di Bujumbura: tre fratelli di sei, nove e dodici anni che però ne dimostravano contemporaneamente tre di meno e dieci di più. Non volevano mollarmi. Non so come, ma mi conoscevano. Sono entrati quasi con la forza nella mia macchina. Erano così sporchi, vestiti letteralmente di stracci. Abbiamo fatto delle ricerche finché non abbiamo ritrovato la loro nonna e poi la madre, che viveva a sua volta da sempre sulla strada. I tre ragazzini non avevano mai avuto una casa prima del nostro incontro. Ho proposto alla mamma di venire con loro a Ruyigi, ma lei si nutriva solo di certi piccoli pesci che qua non esistono. Così è rimasta.» Maggy li denuncia all'anagrafe e li iscrive a scuola. Ma loro non sanno il kirundi, parlano solo lo swahili, diffuso in tutta l'Africa orientale fino al centro della Repubblica Democratica del Congo. Beneficiano di una scorta di cibo, ma lo vendono e intascano i soldi per comprarsi vestiti o scarpe. Tuttavia, l'assistente sociale responsabile del villaggio in cui vivono apre loro la porta ogni volta che hanno fame. «Quando la vedo,» dice

Maggy, «penso alla mia mamma. Lei gli perdona tutto. Io le spiego che così non li aiuta, ma mi accorgo dal suo sorriso che non riuscirà mai a rimproverarli. Partecipano alla costruzione della loro casa nel villaggio di Rutimbura, dove potranno accogliere la loro nonna.»

Meno esigente con i bambini di strada che con gli altri, li lascia andare e venire intorno all'ancora di salvataggio che è diventata per loro la Maison Shalom. Sanno che lì troveranno sempre un letto, qualcosa da mangiare e un punto di riferimento.

«Bisogna responsabilizzarli anche se hanno rubato. Se sono recidivi, bisogna lasciare loro il tempo di avvicinarsi a noi per fargli capire un po' alla volta che abbiamo altre cose da dargli, oltre al cibo e al sapone, che non è mai troppo tardi. È meglio lasciare che si ribellino. Io dico loro di esprimersi.»

Con la pace, ogni giorno sorgono problemi a cui la guerra non lasciava alcuno spazio e che dalla guerra, in ogni caso, sono stati aggravati. «Anche se la follia è sempre esistita, come in qualsiasi società, oggi, con tutti quelli che sono stati traumatizzati dai massacri, si assiste a un fenomeno nuovo. Il loro comportamento imprevedibile a volte può diventare violento. E si è sempre molto impreparati di fronte a questo.»

Molti di loro vivono alla Maison Shalom. Tra questi un pezzo d'uomo di circa vent'anni, particolarmente impressionante durante le crisi. In quei momenti diventa impossibile controllarlo. Lo si è dovuto portare molte volte all'ospedale psichiatrico di Bujumbura, da cui scappa per tornare sistematicamente alla Maison Shalom. C'è anche una donna senza età, molto tranquilla, che vive alla Maison Shalom dall'ottobre del 1993. Un tempo aiutava a dare da mangiare ai bambini, andando a spigolare un po' di verdura nei campi.

Va avanti e indietro, passa e ripassa, con un pezzo di pane tra le mani, monologa mentre mostra il suo braccio immobile sotto il *pagne* sporco, esce di nuovo e si siede davanti alla porta. Nessuno sa dove dorma veramente, ma ritorna sempre.

Dopo dieci anni di guerra civile, una delle sfide collettive più grandi è ritrovare il gusto di vivere. «È la chiave del nostro futuro, che ci permetterà di abbattere ogni ostacolo» insiste Maggy. «In questo desiderio di vivere si possono anche trovare le forze per lottare contro la diffusione dell'AIDS. La morte è stata molto banalizzata, si tratta perciò di risvegliare le coscienze e invitare ad atteggiamenti responsabili.» Secondo le persone della Maison Shalom che si occupano di questo problema, «l'informazione circola sempre meglio, opera un numero sempre maggiore di associazioni specializzate, anche a Ruyigi, i comportamenti si stanno evolvendo nonostante i fattori culturali e la guerra, che hanno favorito la diffusione della malattia». All'informazione si associano nuovi mezzi che, sebbene ancora del tutto insufficienti, sono necessari perché torni la fiducia.

L'accesso al test e il segreto professionale da parte dei medici sono diritti fondamentali di cui molto spesso ci si è fatti beffe. Nel 1998 ha riaperto il centro ospedaliero di Butezi, che aveva chiuso i battenti nel 1996. Due anni dopo, dispone di un piccolo laboratorio che permette di sottoporre al test tutti i bambini malati, senza dover andare fino a Bujumbura e quali che siano i loro sintomi. Le cifre sono desolanti: più del 65% dei bambini sono sieropositivi. Oggi l'AIDS falcidia tutti quelli che ieri sono stati salvati. Queste cifre rendono ancora più difficile il lavoro di reinserimento nelle famiglie. «Siamo obbligati a informare la famiglia d'accoglienza sullo stato di salute del bambino. Ma se è malato di AIDS, rischia di essere respinto o che la famiglia non possa assicurare il minimo delle cure necessarie.»

Nel 1999, il servizio sanitario nazionale ha introdotto i farmaci antiretrovirali: solo trenta persone hanno potuto beneficiarne. Eppure, venticinquemila dei quattrocentomila sieropositivi ne avrebbero bisogno. Numeri che, secondo alcuni, sarebbero ben al di sotto della realtà. Ma l'integrazione di un fondo per l'AIDS in tutti i programmi d'aiuto o di cooperazione internazionale dimostra una presa di coscienza della gravità della situazione. Tutte le radio ne parlano quotidianamente. La malattia colpisce direttamente o indirettamente ogni ambito della società. L'istruzione, per fare un esempio, soffre particolarmente per l'assenza di insegnanti malati o morti prematuramente per mancanza di cure.

La nuova situazione del Paese porta con sé vere e proprie trasformazioni in tutta la regione. Nuovi programmi d'aiuto vedono la luce, nati dalle agenzie delle Nazioni Unite e dalle grandi ONG. Un contingente di seimilacinquecento soldati dell'ONU vigila sul rispetto degli accordi firmati nel 2003. La loro presenza diminuisce i rischi di massacri, di cui i burundesi temono lo scoppio in prossimità di ogni scadenza elettorale. Le date imposte dagli accordi di pace sono state rimandate a più riprese nel 2005.

La maggior parte dei burundesi non è pronta a fidarsi di questa classe politica, che torna instancabilmente al potere in completa impunità. «È come nella favola di La Fontaine, *Gli animali malati di peste*, ecco come funziona il nostro Paese. Ci si inchina davanti al re che ha divorato tutto, mentre sull'asino che confessa cose insignificanti ricade lo sdegno generale. La democrazia non è solo una questione di elezioni. Però sono molto contenta di vedere che tante persone coraggiose osano prendere la parola. Si vede emergere progressivamente una vera società civile. Le radio approfittano della loro nuova indipendenza, ora che la censura viene esercitata soprattutto nei confronti dell'estremismo. I giornalisti affrontano soggetti tabù come la violenza sessuale o argomenti fondamentali che riflettono la nostra realtà di oggi. L'altro giorno ho pianto, sentendo alla radio le ultime cifre di bilancio del governo. Le spese di viaggio del nostro presidente rappresentano il doppio dello stanziamento annuale per la sanità pubblica! Le persone finiranno per capire che le tasse possono servire a qualcos'altro. Ho fiducia. La società è caduta talmente in basso che può solo migliorare. Ma so che bisogna restare vigili. Per distruggere ci vuole un attimo, costruire è il lavoro di tutta una vita.»

In attesa delle prossime elezioni, i programmi d'aiuto si occupano dell'accoglienza dei rifugiati burundesi che tornano dalla Tanzania. Più di quattrocentocinquantamila persone stanno progressivamente facendo ritorno in patria, a volte dopo venti o addirittura trent'anni. Ogni giovedì, dai mille ai duemila profughi transitano per qualche ora dal campo di Nyabitare, vicino al confine con la Tanzania, prima di essere trasferiti sulla collina di cui sono originari. Vengono registrati e ricevono un kit di ritorno: tenda, *pagne*, coperte, pentole, cibo per tre mesi e sementi per un raccolto. Justine lavora qui, per l'Alto Commissariato delle Nazioni Unite per i rifugiati, e si occupa delle persone in difficoltà. Discute con gli uni e con gli altri. La sua esperienza le ha regalato una capacità d'ascolto rara e preziosa che, a differenza di quanto accade con le donne mandate dalla capitale, ispira fiducia ai rifugiati.

Che Burundi offrire a coloro che rientrano nel Paese? – si chiede Maggy. Alla logica dei numeri, della quantità e del rendimento, ha sempre preferito un approccio molto individualizzato, nonostante partecipi anche a operazioni di grande ampiezza, soprattutto quando riguardano l'educazione. Un anno dopo gli accordi di pace, un programma mira a favorire il ritorno a scuola dei bambini. Nell'ottobre del 2004, la Maison Shalom e la sua équipe contribuiscono, sotto l'autorità dell'Unicef, all'organizzazione di un grande incontro su questo tema. Il ministro dell'Istruzione e quello del Reinserimento, il governatore e i rappresentanti dell'ONU vanno a Nyabitare, dove il liceo e la scuola sono appena stati ricostruiti. Più di cinquecento bambini assistono alla cerimonia, durante la quale ciascuno di loro riceve un kit scolastico comprendente quaderni e matite. Altre migliaia di bambini riceveranno lo stesso equipaggiamento e le divise.

La Maison Shalom assicura la distribuzione di questi beni su alcune colline sopra Gisuru. Cinquecento alunni aspettano Prime sotto il grande albero che si trova nella piazzetta. L'ONUB (la missione ONU in Burundi), dal canto suo, finanzia un progetto di ricostruzione della scuola. La Maison Shalom ne cura la parte operativa, come nel caso dei ponti che si trovano lungo il tragitto per la scuola, ponti solidi per sostituire quelli di legno gettati sui ruscelli che limitano l'accesso dei veicoli alla valle di Musha.

Le esigenze di Maggy non si fermano qui. «Costruire scuole va bene, ma ci servono programmi seri, che offrano uno sbocco ai giovani e insegnino loro una versione della storia in cui ognuno possa riconoscersi, perché non ricominci tutto da capo.» Sogna di poter dare un giorno agli insegnanti gli strumenti necessari, di attrezzare di biblioteche le scuole...

Se l'azione della Maison Shalom si allarga ad altre popolazioni, ad altre regioni, Maggy continua il suo lavoro con gli orfani a Ruyigi.

La Maison Shalom ha ricevuto dal ministero della Sanità l'autorizzazione ad aprire un piccolo ospedale e una clinica ostetrica a Nyamutobo: le pratiche di finanziamento sono allo studio presso diversi interlocutori, al fine di raggiungere il budget necessario a costruirli e ad assicurarne il funzionamento. Certo, Ruyigi ha già il suo ospedale, ma la sua capacità d'accoglienza resta scarsa. Chloé, che si è appena laureata in medicina, vi lavora dal marzo del 2005. Ha fretta di veder nascere il nuovo ospedale, previsto per il giugno del 2006, e sogna di specializzarsi in pediatria.

Mi ha appena lasciata per garantire la sua presenza alla Maison Shalom. La guardo allontanarsi lentamente attraverso il frutteto piantato da poco presso la nuova sede e già carico di mille promesse. Gli operai lavorano alla costruzione della cappella multiconfessionale, uno spazio ottagonale con ampie finestre su ogni lato. La sua cupola aguzza si innalza sottile verso il cielo. I lavori sono ben lungi dall'essere finiti, ma già regna un'atmosfera che invita al silenzio e alla preghiera. Di fronte all'entrata, un muro protegge alcune piccole nicchie, ognuna dedicata a una confessione religiosa, e un punto per le abluzioni destinato ai musulmani. Ognuno potrà celebrarvi le funzioni o praticare i propri riti specifici, in particolare quelli per i defunti. Uno spazio dignitoso per le famiglie, perché possano iniziare il periodo di lutto.

Capitolo 12

L'ODIO NON AVRÀ L'ULTIMA PAROLA

Ho ancora nella mente e nel cuore le terribili parole di Maggy sui massacri dell'ottobre 1993. Dentro di me si mescolano a quelle sull'avvenire, sul progresso dei suoi nuovissimi progetti, sulle gioie e sulle pene di questi dodici anni, di tutta una vita…

«Le nostre case e i nostri villaggi devono essere dei punti di riferimento per lo sviluppo del Paese. Per questo installo l'acqua e la luce. I vicini che hanno i mezzi per farlo possono allacciarsi. Un finanziamento del Lussemburgo ci ha appena permesso di incrementare queste installazioni. Con il premio che ho ricevuto nel 2003 per la difesa dei diritti del bambino, ho comprato nuove terre, soprattutto a Ruyigi. In altre province sono state le autorità a concedermi dei terreni: a Cankuzo, a Giharo. Pago le infrastrutture, ovviamente. Apriamo piccole botteghe di alimentari, ristoranti, fattorie, vivai. Il Burundi non ha ancora un progetto di società, perciò bisogna proprio darsi da fare. Ho ingaggiato due agronomi e un veterinario perché si occupino sia della produzione sia della formazione. Tutti sono invitati a condividere queste formazioni gratuite. Tutti possono approfittarne e cimentarsi poi a casa propria. Tornano a casa con i semi, fanno crescere le loro carote e le loro patate. Per partecipare, portano una parte del loro raccolto alla bottega di alimentari, dove possono fare degli scambi. Non si tratta di vivere come prima, dispersi sulle colline: bisogna imparare a raggrupparsi, a creare dei villaggi, a far arrivare l'acqua, la luce, ad accettare di vivere in un'altra epoca. Bisogna prendere ciò che è utile della modernità, ciò che è profondo nelle religioni, ciò che è bello nella nostra tradizione, e sommare il tutto.»

Questa sera, alla Maison Shalom è prevista una piccola festa. Maggy vuole invitare i vicini nella sua nuova casa per spiegare loro ancora una volta per cosa si batte. Gli animi meschini, infatti, hanno fatto presto a dir male, a far correre le dicerie. «Vedono passare i camion per il cantiere della nuova sede nel centro di Ruyigi. Sanno che si tratta di un vasto terreno. Bisogna che io gli spieghi che tutti quei beni non sono di mia proprietà. Che ogni casa è stata costruita grazie ai doni che ho ricevuto per aiutare meglio i bambini.» So bene che, nel corso della serata, aggiungerà qualche frase delle sue, dirà loro quanto è felice di accoglierli tutti. Compreso l'uomo che si può vedere tutti i giorni seduto alla finestra, mentre fa dei piccoli lavori di riparazione e guarda i passanti. È un assassino dell'ottobre 1993, qui tutti lo sanno. Ha fatto un po' di prigione, e ormai non esce più da casa sua. Tranne oggi, per l'invito di Maggy, che è felice della sua presenza.

E questa gioia le ricorda un'idea che accarezza già da un po': prossimamente, il mercato di Ruyigi traslocherà alla periferia della città; la Maison Shalom vorrebbe recuperare il terreno per farne un giardino pubblico con dei giochi per i bambini, perché anche giocare è un diritto fondamentale.

Mi ricordo il momento della mia partenza dopo il nostro primo incontro, nel 1999. Allora ero rimasta solo qualche giorno, ma si era creato lo stesso un legame. La rivedo davanti a me, grande e nello stesso tempo minuscola, volitiva e rassegnata di fronte alla dismisura del suo destino, in tutta la sua forza e sensibilità, pronta a tutto per portare a termine la sua missione. Nell'ultimo sguardo che ci siamo scambiate, avevo indovinato tutta la sua incertezza e la sua solitudine di fronte alle responsabilità, il suo terrore dell'AIDS, il suo bisogno di essere aiutata e la sua volontà di non elemosinare niente.

La nostra amicizia si è annodata attorno a quello sguardo, e durante tutti gli anni che sono seguiti ho accompagnato l'evoluzione della Maison Shalom; ho guardato sbocciare i sogni di Maggy, ho visto all'opera la sua ostinazione, la sua impazienza, la sua coerenza, la forza della sua ricerca e della sua sete, quella volontà di valorizzare sempre ciò che di bello esiste in ciascuno, per arrivare a «poter accendere in lui la bellezza che ne illuminerà i difetti».

«Bisogna avere il coraggio di fare una rivoluzione d'amore. Non siamo stati creati che per renderci felici a vicenda.» Le parole di Maggy sono sempre state semplici, qualcuno le definirebbe ingenue, ma la forza delle sue scelte, in un contesto tanto devastato, dimostra come la parola possa sollevare le montagne.

Nel centro di Ruyigi, dove sorge il cantiere della nuova Maison Shalom, l'altro giorno Maggy ha notato un esile germoglio di banano in mezzo alle pietre. È andata a cercare i bambini per mostrarglielo: «All'inizio, la pianta ha bisogno di una buona terra per vivere e non può svilupparsi su un terreno arido. Ma guardate, questo germoglio di banano ha reso i sassi fecondi. Le sue foglie hanno formato un po' di humus, che nutre la pianta e le dà un'altra possibilità. Viviamo in un Paese distrutto da lunghi anni di guerra ma possiamo difendere il nostro ideale di libertà e affermare: "Noi scegliamo di fare come il banano"».

APPENDICI

Cenni storici

Prima del 1871	Il Burundi è un Paese a regime monarchico, risparmiato dalla schiavitù.
1871	Esplorazione dei dintorni del lago Tanganica da parte di Stanley e Livingstone, alla ricerca delle sorgenti del Nilo. Il Burundi diventa una colonia tedesca al pari del Ruanda (Ruanda-Urundi).
1888	Inizio dell'evangelizzazione.
1916	Il Burundi diventa una colonia belga.
1° luglio 1962	Il regno del Burundi ottiene l'indipendenza.
1965	Massacri nel Nord del Paese.
1966	Colpo di Stato. Il tutsi Micombero prende il potere.
Aprile 1972	Repressione in seguito a una ribellione: da 100.000 a 300.000 hutu scompaiono. Massiccio esodo della popolazione verso i Paesi vicini.
1976	Colpo di Stato e presa del potere da parte di Bagaza (tutsi).
1987	Colpo di Stato. Il maggiore Buyoya (tutsi) prende il potere.
1988	Massacri interetnici.

1991	Massacri interetnici.
1992	Libertà d'espressione per le associazioni e i partiti politici dell'opposizione.
Giugno 1993	Prime elezioni democratiche. L'hutu Melchior Ndadaye viene eletto presidente.
21 ottobre 1993	Assassinio del presidente Melchior Ndadaye. Massacri e spostamento di oltre un milione di persone verso i Paesi vicini.
6 aprile 1994	Attentato contro l'aereo del presidente burundese (Cyprien Ntaryamira, hutu) e di quello ruandese (Juvénal Habyarimana, hutu). Anche due ministri burundesi si trovavano a bordo. Genocidio dei tutsi da parte degli hutu in Ruanda.
Giugno 1994	Esodo di massa della popolazione ruandese verso lo Zaire.
1995	Evoluzione dei conflitti verso una guerra civile che oppone l'esercito regolare, in maggioranza tutsi, alle fazioni ribelli, braccio armato dei partiti hutu. Massacro di studenti all'università di Bujumbura e "balcanizzazione" dei quartieri della capitale. Apertura dei primi negoziati di pace ad Arusha in Tanzania.
25 luglio 1996	Il maggiore Pierre Buyoya riprende il potere con un colpo di Stato. Cessazione dei negoziati di pace e inizio dell'embargo.
Ottobre 1996	Inizio della guerra nello Zaire.
7 maggio 1997	Lo Zaire diventa la Repubblica Democratica del Congo.

Giugno 1998	Ripresa dei negoziati di pace.
20 agosto 2000	Firma degli accordi di pace di Arusha con la mediazione di Nelson Mandela.
Aprile 2003	Passaggio della presidenza a Domitien Ndayizeye.
Novembre 2003	Gli accordi di Pretoria sanciscono la divisione del potere e della difesa. Cessate il fuoco effettivo con sei delle sette fazioni ribelli.
Maggio 2005	Accordo di cessate il fuoco con l'ultima fazione ribelle.
Luglio/ ottobre 2005	Elezioni amministrative, legislative, senatoriali e presidenziali.

Scheda del Burundi

Capitale: Bujumbura.
Superficie: 27.834 km^2.
Altitudine: dai 774 m del lago Tanganica ai 2.670 m del monte Heha. Le colline di Ruyigi si trovano a 1.670 m s.l.m.
Popolazione: 6,8 milioni di abitanti, con un tasso crescita annuo del 2,38% nel 2001. Il 55% della popolazione ha meno di 18 anni e si calcola che gli orfani siano 660.000.
Moneta: Franco del Burundi (1.200 FBu = 1 €).
Lingue: kirundi, francese; swahili lungo il lago Tanganica e a Bujumbura.
Religione: cattolici 62%, protestanti 5%, musulmani 1%, altre 32%.
Ripartizione etnica: hutu 85%, tutsi 14%, twa 1% (stima).
Agricoltura: 90% dell'economia secondo le stime del Programma delle Nazioni Unite per lo Sviluppo (caffè, cotone, tè, granturco, sorgo, patate dolci, banane, manioca, allevamento bovino).

Fonte: OCHA (Ufficio per il Coordinamento degli Affari Umanitari: www.ocha-burundi.org)

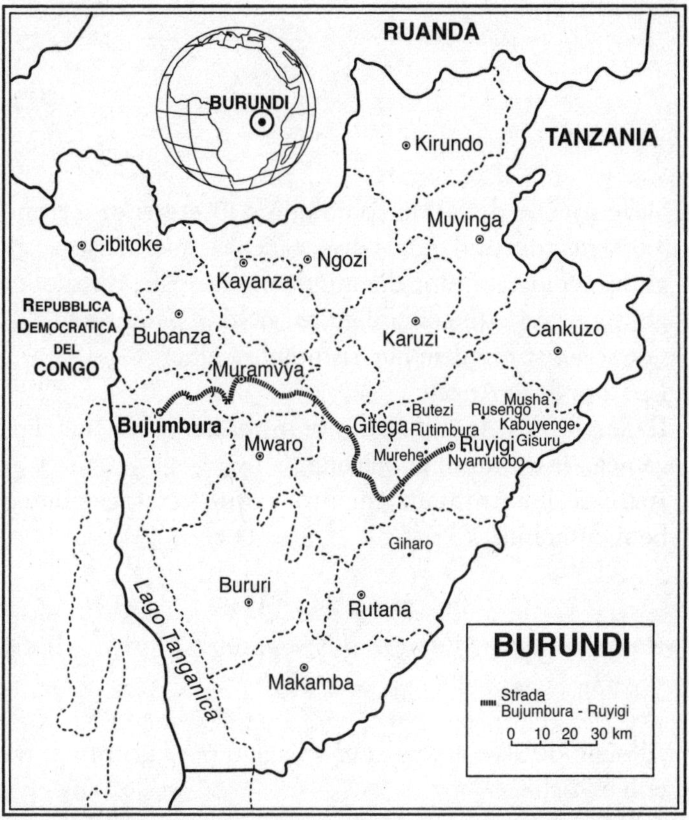
RUANDA
BURUNDI
TANZANIA
Kirundo
Muyinga
Cibitoke
Ngozi
Kayanza
REPUBBLICA
DEMOCRATICA
DEL
CONGO
Bubanza
Karuzi
Cankuzo
Muramvya
Musha
Butezi
Rusengo
Bujumbura
Gitega
Rutimbura
Kabuyenge
Mwaro
Ruyigi
Gisuru
Murehe
Nyamutobo
Giharo
Lago Tanganica
Bururi
Rutana
Makamba
BURUNDI
Strada
Bujumbura - Ruyigi
0 10 20 30 km

La Maison Shalom

Ruyigi

- Sede sociale della Maison Shalom (3 ettari di terreno, 3.000 m^2 edificati): *home* d'accoglienza, infermeria, sostegno psicologico, cappella multiconfessionale, direzione e gestione progetti, contabilità, magazzini, parcheggio.
- *Guest house* Frieden: bar, ristorante e albergo.
- La Città degli Angeli.
- Il Garage des Anges: centro di formazione, officina meccanica, distributore di benzina.
- Attività di autofinanziamento: acquisto e locazione di beni immobili.

Dintorni di Ruyigi. Villaggi di Nyamutobo, Murehe, Rutimbura

- Alloggi: da 20 a 40 case per villaggio per i gruppi di fratelli o i bebè.
- Attività: sala comune, bottega alimentare, ristorante, mulino per la manioca, brillatoio per il riso, fattoria per l'allevamento, coltivazioni, centro di germinazione, vivaio.
- Progetti: nido d'infanzia, centro medico, maternità.

Provincia di Ruyigi. Colline di Gisuru, piana del Moso

- Assistenza ai profughi e ai rimpatriati, progetti di sviluppo per far uscire la regione dall'isolamento.
- A Kabuyenge: cooperativa; a Musha: costruzione di ponti e restauro delle scuole.

Province di Cankuzo e di Rutana: filiali della Maison Shalom.
Bujumbura: Amani House, *home* per gli studenti, bottega, sala collettiva.
Ngozi: *home* per gli studenti.
In tutto il Burundi: assistenza ai bambini reinseriti in famiglia.

La Maison Shalom in cifre (rapporto annuale 2004)

- 230 bambini orfani attualmente in custodia.
- In totale, la Maison Shalom si occupa di 3.000 orfani per quanto riguarda le cure sanitarie, l'alimentazione, la scolarizzazione e il vestiario.
- Dal 2000 al 2004 sono state costruite 490 case.
- 2.312 nuclei familiari hanno ricevuto un aiuto d'emergenza (sementi e beni domestici).

Ricerca familiare e ricongiungimento (numero di bambini)

1999	2000	2001	2002	2003	2004
121	76	59	79	903	4.259

Marguerite Barankitse e l'opera della Maison Shalom hanno ricevuto numerosi riconoscimenti e premi internazionali

1998	Prix des Droits de l'Homme, conferito dal governo francese nell'ambito delle cerimonie per la celebrazione del cinquantesimo anniversario della Dichiarazione Universale dei Diritti dell'Uomo. A oggi, dieci persone hanno ricevuto questa onorificenza, tra cui il Dalai Lama e Rigoberta Menchú.
Febbraio 2000	Trophée du Courage, conferito dal mensile «Afrique International».
Giugno 2000	Premio Shalom, conferito dalla città di Eichstätt in Germania.
Febbraio 2001	Premio della Solidarietà, attribuito dal Senato di Brema.
Marzo 2003	Secondo Premio Juan Maria Brandés per la difesa del diritto d'asilo e la solidarietà con i rifugiati, consegnato dalla CEAR (Comisión Española de Ayuda al Refugiado).
Aprile 2003	World's Children's Prize for the Rights of the Child in Svezia.
Novembre 2003	Premio Nord-Sud del Consiglio d'Europa, conferito da Mario Soares, ex presidente del Portogallo.
Febbraio 2004	Laurea *honoris causa* dell'università di Lovanio, insieme al professor Riccardi della Comunità di Sant'Egidio (che opera per la conciliazione dei conflitti nel mondo) e a padre Émile Shoufani, un sacerdote arabo israeliano che lavora per il dialogo tra arabi ed ebrei.

Maggio 2004	Four Freedoms Award, conferito dal Franklin and Eleanor Roosevelt Institute, attribuito anche al segretario generale delle Nazioni Unite, Kofi Annan, per il lavoro di protezione dei diritti dei bambini.
Giugno 2004	Voices of Courage Award, conferito dalla Women's Commission for Refugee Women and Children negli Stati Uniti.
Giugno 2005	Premio Nansen per i rifugiati da parte dell'UNHCR (Alto Commissariato delle Nazioni Unite per i Rifugiati).

Per aiutare l'opera di Maggy

Potete sostenere concretamente il lavoro della Maison Shalom mandando il vostro contributo a

Maison des Anges
3, rue de la Manufacture
78350 Jouy-en-Josas
France

Per assegni o bonifici indirizzati alla Maison des Anges

Domiciliazione bancaria:
Crédit Coopératif
Paris, Gare de l'Est – France
banca 42559
agenzia 00003
conto 21026823008, RIB 88

L'associazione Maison des Anges, fondata nel 2002 per dare vita al Cinéma des Anges, si è allargata nel 2004 per accogliere nuovi progetti e rappresentare in Francia l'ONG burundese Maison Shalom.
Tutte le azioni sono condotte in stretta collaborazione con Marguerite Barankitse, con cui i membri dell'ufficio lavorano da diversi anni.

A fianco della Maison Shalom, la Maison des Anges ha scelto di orientare specificamente la sua azione:

- al miglioramento delle cure sanitarie (partecipazione alla costruzione e al funzionamento del centro medico della Maison Shalom);
- al reinserimento dei bambini e delle donne soldato nella vita civile;
- allo sviluppo di progetti culturali: cinema, mediateca, laboratorio Internet e multimediale.

Se lo desiderate, potete specificare la destinazione della vostra offerta a un determinato progetto.

www.maison-des-anges.org
association@maison-des-anges.org

PER SOSTENERE DALL'ITALIA IL PROGETTO DELL'HOPITAL REMA

Maison Shalom, grazie a una situazione di relativa pace e sicurezza in Burundi, iniziata nei primi anni del 2000, decide di dotare la comunità di un ospedale – Hopital Rema – che possa fornire una risposta concreta all'esigenza di un presidio sanitario operativo, che si inquadra anche nello sviluppo di Ruyigi.
Il progetto è attualmente sostenuto da molti Paesi esteri. Da marzo 2006 anche l'Italia è interessata da questo cammino solidale internazionale.
L'ospedale avrà i seguenti reparti: maternità, ostetricia, neonatologia, pediatria, chirurgia, medicina interna e radiologia.

Sarà inoltre munito di un dispensario e di un laboratorio per le analisi, in particolare delle malattie infettive e parassitarie che affliggono gravemente questa area dell'Africa subsahariana.

Comitato italiano per Maison Shalom
Banca Popolare di Sondrio - Agenzia di Milano
c.c. 9100/15
CIN P
ABI 05696
CAB 01600.

Comitato etico per la gestione del conto
Piero Melazzini – Presidente Banca Popolare di Sondrio
Giovanni Puglisi – Rettore Università IULM, Milano
Carlo Secchi – già Rettore Università Bocconi, Milano

Rema in burundese viene detto per aiutare una persona in difficoltà: «Ricostruisci te stesso, consola te stesso, coraggio, sollevati».

Per informazioni:
info@fondazione.iulm.it

Indice

PIEMME **BESTSELLER**

1. Michael Connelly, *Lame di luce*
2. Jennifer Weiner, *Buonanotte baby*
3. Ian Caldwell - Dustin Thomason, *Il codice del quattro*
4. Suad, *Bruciata viva*
5. Geronimo Stilton, *Barzellette al top*
6. Kate Mosse, *I codici del labirinto*
7. Jack Whyte, *Io Lancillotto. Il cavaliere di Artù*
8. Candace Bushnell, *Lipstick Jungle*
9. Greg Iles, *Il progetto Trinity*
10. Guido Cervo, *La legione invincibile*
11. Anna Guglielmi, *Il linguaggio segreto del corpo*
12. Carol O'Connell, *La giuria deve morire*
13. Lauren Weisberger, *Al diavolo piace Dolce*
14. Michael Connelly, *Il poeta*
15. Lou Marinoff, *Platone è meglio del Prozac*
16. Lolly Winston, *Cioccolata per due*
17. Anthony De Mello, *Messaggio per un'aquila che si crede un pollo*
18. Fernando S. Llobera, *Il circolo di Cambridge*
19. Yann Martel, *Vita di Pi*
20. Sherry Argov, *Falli soffrire*
21. Michael Connelly, *La bionda di cemento*
22. Isabelle Filliozat, *Le emozioni dei bambini*
23. Robert Crais, *Il mercante di corpi*
24. Gordon Russell, *Il grande gladiatore*
25. Joanna Briscoe, *Vieni a letto con me*
26. Hernán Huarache Mamani, *Negli occhi dello sciamano*
27. Michael Connelly, *La memoria del topo*
28. Lauren Weisberger, *Il diavolo veste Prada*
29. Conn Iggulden, *Le porte di Roma*
30. Candace Robb, *La taverna delle ombre*
31. Graham Hancock, *Il mistero del sacro Graal*
32. Guido Cervo, *L'onore di Roma*
33. Alberto Ongaro, *La taverna del Doge Loredan*
34. Robert Eisenman - Michael Wise, *Manoscritti segreti di Qumran*
35. Dennis Lehane, *La casa buia. Gone Baby Gone*
36. Anthony Flacco, *La danzatrice bambina*
37. Valeria Montaldi, *Il mercante di lana*
38. Michael Connelly, *Musica dura*
39. Amanda Eyre Ward, *Non voltarti*
40. Jack Whyte, *Io Lancillotto. Il marchio di Merlino*

41. Emily Giffin, *Piccole confusioni di letto*
42. Trudi Birger, *Ho sognato la cioccolata per anni*
43. Corine Sombrun, *Il canto della sciamana*
44. Marcia Grad Powers, *La principessa che credeva nelle favole*
45. Andreas Beck, *La fine dei Templari*
46. Michael Crane, *La setta di Lazzaro*
47. Zecharia Sitchin, *L'altra Genesi*
48. Michael Connelly, *Ghiaccio nero*
49. Patrick Fogli, *L'ultima estate di innocenza*
50. Jennifer Weiner, *Brava a letto*
51. David Anthony Durham, *Annibale*
52. Gilles Paris, *Autobiografia di una zucchina*
53. Leila, *Murata viva*
54. Mohsin Hamid, *Nero Pakistan*
55. Michael Connelly, *Il buio oltre la notte*
56. Dalila Di Lazzaro, *Il mio cielo. La mia lotta contro il dolore*
57. Joseph Thornborn, *Il quarto segreto*
58. Lou Marinoff, *Le pillole di Aristotele*
59. Leah Stewart, *Caffè con panna*
60. Guido Cervo, *Il legato romano*
61. Antonio Socci, *Mistero Medjugorje*
62. Polly Williams, *Vita bassa e tacchi a spillo*
63. Marco Bettini, *Pentito. Una storia di mafia*
64. Claudio Paglieri, *Domenica nera*
65. David Camus, *Il cavaliere della Vera Croce*
66. Tiziana Merani, *Devo comprare un mastino*
67. Steve Nakamoto, *Gli uomini sono pesci*
68. Donya al-Nahi, *Nessuno avrà i miei figli*
69. Michael Connelly, *Debito di sangue*
70. Susan Jane Gilman, *Ragazze non troppo perbene*
71. Lionel Shriver, *Dobbiamo parlare di Kevin*
72. Eric Giacometti - Jacques Ravenne, *Il rituale dell'ombra*
73. Candace Bushnell, *New York Sexy*
74. Greg Iles, *La regola del buio*
75. Jack Whyte, *Io Lancillotto. Il destino di Camelot*
76. Diaryatou, *La schiava bambina*
77. Robert Eisenman, *Giacomo il fratello di Gesù*
78. Michael Connelly, *Utente sconosciuto*
79. Conn Iggulden, *Il soldato di Roma*
80. Siba Shakib, *Afghanistan dove Dio viene solo per piangere*
81. Robert Crais, *La prova*
82. Debra Dean, *Le madonne dell'Ermitage*
83. Hyok Kang, *La rondine fuggita dal paradiso*
84. Massimo Polidoro, *Etica criminale. Fatti della banda Vallanzasca*

85. Isabelle Filliozat, *Fidati di te. Migliora l'autostima per essere a tuo agio sempre*
86. Valeria Montaldi, *Il signore del falco*
87. Hernán Huarache Mamani, *La profezia della curandera*
88. Michael Connelly, *Il ragno*
89. Anosh Irani, *Il bambino con i petali in tasca*
90. Marco Salvador, *Il longobardo*
91. Elizabeth Buchan, *La rivincita della donna matura*
92. Candace Robb, *Il saio nero*
93. Guido Cervo, *Il segno di Attila*
94. Carol O'Connell, *La bambina di casa Winter*
95. Alberto Ongaro, *Il ponte della solita ora*
96. J.R. Moehringer, *Il bar delle grandi speranze*
97. Michael Connelly, *L'ombra del coyote*
98. Ugo Barbàra, *Il corruttore*
99. Harold G. Moore - Joseph L. Galloway, *Eravamo giovani in Vietnam*
100. Carla Maria Russo, *La sposa normanna*
101. Vauro Senesi, *Kualid che non riusciva a sognare*
102. Jennifer Weiner, *A letto con Maggie*
103. Jack Whyte, *Io Lancillotto. Il sogno di Ginevra*
104. Jacqueline Pascarl, *La principessa schiava*
105. Toby Young, *Un alieno a Vanity Fair*
106. Thomas Healy, *Ti presento Martin*
107. Guido Cervo, *Le mura di Adrianopoli*
108. James D. Tabor, *La dinastia di Gesù*
109. Emily Giffin, *A prova di baby*
110. Kathleen McGowan, *Il vangelo di Maria Maddalena*
111. Aline Baldinger-Achour, *Le grandi religioni spiegate ai miei figli*
112. Robert Crais, *L.A. killer*
113. Gianni Palagonia, *Il silenzio*
114. Jonathan Kwitny, *L'uomo del secolo*
115. Clare Sambrook, *Harry non ha paura*
116. Patrick Fogli, *Lentamente prima di morire*
117. Michael Connelly, *La città delle ossa*
118. Franco Scaglia, *L'oro di Mosè*
119. Joseph Thornborn, *L'ultima rivelazione*
120. Zecharia Sitchin, *Spedizioni nell'altro passato*
121. Lolly Winston, *Felicità senza zucchero*
122. Jack Whyte, *Saint-Clair. I custodi del codice*
123. Michel Benoît, *Il tredicesimo apostolo*
124. Conn Iggulden, *Cesare padrone di Roma*
125. Dinaw Mengestu, *Le cose che porta il cielo*
126. George Pelecanos, *Il giardiniere notturno*
127. Amy Scheibe, *A spasso con Jennifer*
128. Gordon Russell, *La notte del gladiatore*

129. Hamida Ghafour, *Il paese di polvere e di vento*
130. Laura Fitzgerald, *Colazione da Starbucks*
131. Bob Berkowitz, *La nuda verità*
132. Tony Sloane, *Legionario*
133. Justine, *Ho deciso di non mangiare più*
134. Conn Iggulden, *La caduta dell'aquila*
135. Andrew Crofts, *Il fabbricante di sogni*
136. Alexandra Ripley, *Rossella*
137. Claudio Paglieri, *Il vicolo delle cause perse*
138. Susan Jane Gilman, *Non volevo il vestito bianco*
139. Deborah Rodriguez, *La parrucchiera di Kabul*
140. Jim Dwyer - Kevin Flynn, *102 minuti*
141. Michael Connelly, *Vuoto di luna*
142. Els Quaegebeur, *Io sono l'altra*
143. Harry Bernstein, *Il muro invisibile*
144. Ariana Franklin, *La signora dell'arte della morte*
145. Lesley Downer, *L'ultima concubina*
146. Dalila Di Lazzaro, *L'angelo della mia vita*
147. Daoud Hari, *Il traduttore del silenzio*
148. Richard Maun, *Il mio capo è un bastardo*
149. Jack Whyte, *La pietra del cielo*
150. Khaled Hosseini, *Il cacciatore di aquiloni*
151. Candace Robb, *La mano del traditore*
152. Siba Shakib, *La bambina che non esisteva*
153. Carol O'Connell, *Susan a faccia in giù nella neve*
154. Dalia Sofer, *La città delle rose*
155. Jo Nesbø, *Il pettirosso*
156. Pascal Khoo Thwe, *Il ragazzo che parlava col vento*
157. Carlo Maria Martini, *Le tenebre e la luce*
158. Jennifer Weiner, *Letto a tre piazze*
159. Guido Cervo, *Il centurione di Augusto*
160. Kate Jacobs, *Le amiche del venerdì sera*
161. Michael Connelly, *Il poeta è tornato*
162. Anthony De Mello, *Istruzioni di volo per aquile e polli*
163. Syrie James, *Il diario perduto di Jane Austen*
164. Zecharia Sitchin, *Il giorno degli dei*
165. Jacqueline Pascarl, *Solo per i miei figli*
166. Khalil Gibran, *Quando l'amore chiama, seguilo*
167. Randa Jarrar, *La collezionista di storie*
168. Jack Whyte, *La spada che canta*
169. Candace Bushnell, *Bionde a pezzi*
170. Malika Bellaribi, *La bambina con i sandali bianchi*
171. Alfredo Colitto, *Cuore di ferro*
172. Jennifer Weiner, *Certe ragazze*

173. Emma La Spina, *Il suono di mille silenzi*
174. Polly Williams, *Le brave ragazze combinano guai*
175. Carla Maria Russo, *L'amante del Doge*
176. Christel Martin, *Madre di diecimila figli*
177. Vittorio Messori - Andrea Tornielli, *Perché credo*
178. Conn Iggulden, *Il figlio della steppa*

Per l'elenco completo
e per maggiori informazioni,
visita il sito: www.piemmebestseller.it

Stampa: Mondadori Printing S.p.A. - Stabilimento NSM - Cles (Trento)